《中国旅游评论》编委会

《中国旅游评论》编辑部

《中国旅游评论》支持单位

中国电信　台州学院

图书在版编目（CIP）数据

中国旅游评论. 2023. 第四辑 / 中国旅游研究院主编. -- 北京 : 旅游教育出版社, 2023.12
ISBN 978-7-5637-4658-3

Ⅰ. ①中… Ⅱ. ①中… Ⅲ. ①旅游业发展－中国－文集 Ⅳ. ①F592.3-53

中国国家版本馆CIP数据核字(2024)第009664号

中国旅游评论：2023 第四辑
中国旅游研究院　主编

责任编辑	何　玲
出版单位	旅游教育出版社
地　　址	北京市朝阳区定福庄南里 1 号
邮　　编	100024
发行电话	（010）65778403　65728372　65767462（传真）
本社网址	www.tepcb.com
E - mail	tepfx@163.com
排版单位	北京旅教文化传播有限公司
印刷单位	北京中科印刷有限公司
经销单位	新华书店
开　　本	889 毫米 ×1194 毫米　1/16
印　　张	9.25
字　　数	145 千字
版　　次	2023 年 12 月第 1 版
印　　次	2023 年 12 月第 1 次印刷
定　　价	55.00 元

（图书如有装订差错请与发行部联系）

中国旅游研究院◎主编

中国旅游评论

2023
第四辑

CHINA TOURISM REVIEW

国民度假

National Vacation

旅游教育出版社
·北京·

致读者

本辑主题是“国民度假”。

中国旅游界对行业发展的判断，有一个大体的共识：度假将成为旅游产业和市场未来增量最主要的来源。

这不是说观光经济不再重要，相反，观光将继续起到行业基石的作用。但是，横向对比世界各国发展状况，我们在度假产业和市场上的差距最大，从而发展空间也最大。同时，就与市场需求的匹配度而言，度假供给与需求的差距也是最大的。

甚至可以说，中国的度假产业和市场能否快速、健康发展，关系到中国国民经济健康、可持续发展的大局——以消费为宏观层面主要驱动力的经济体系能否构建成型。

这意味着接下来这个时代，是一个度假产业蓬勃发展的时代。

但同时也意味着有许多紧要的问题亟须解决：

中国式度假有没有自身的特点？度假产品应采用何种建设模式？

度假目的地的建设如何更好地开展？有哪些短板需要弥补？

哪些是与度假相关联的重要经济现象，比如庄园经济、乡村度假？如何更好地促进？

如何善用自然资源，而不是陷于要么绝对保护要么滥用的两个极端？

如何让文化成为活的度假产品？

如何在制度和政策端更好地适应发展要求，释放市场活力？

中国的“国民度假”时代必然会到来，只是在这之前，要经过很长时间的全行业的共同努力。

目录

致读者

聚焦

6 旅游度假区的中国风与世界范 / 戴斌

14 促进中国度假市场发展的制度透视——从地理科学视角 / 吴必虎

22 度假区营造的五大黄金法则——日本度假目的地建设的启示 / 邹毅

透视

34 避暑贵阳——高炽海对话贵阳市副市长龙丛

45 从“冰雪之城”到“四季度假”的哈尔滨 / 王洪新

55 融入自然 —— 高炽海对话宿集夏雨清

69 三亚，一座有温度的国际滨海城市 / 三亚市旅游和文化广电体育局

78 黄山关麓：从传统村落到新型度假区的“华丽转身” / 朱景荣

88 对行业还是要有敬畏之心 —— 高炽海对话福莲茶庄园魏莉宁

100 水果 IP 上高速——农交旅融合绘就乡村的“诗和远方” / 金健

110　度假无须远行，地中海白日方舟如何将度假开进城市　/徐晓亮

120　澳门，正在嬗变为主客共享的新澳门　/卫晨　杨丽琼

观察

128　中国式度假：机遇、特征与对策　/崔昕　宋子千

创造者与前行者

旅游度假区的中国风与世界范

戴斌

今年的全国宣传思想文化工作会议正式提出习近平文化思想，习近平文化思想为新时代新征程的文化和旅游工作提供了强大思想武器和科学行动指南。旅游度假区建设要以文化和旅游深度融合为主线，传承中华优秀传统文化基因，创造东方式美学生活新场景，以文化自信的中国风和产业开放的世界范推动新时期旅游业的繁荣发展。

项目，基本满足了入境旅游者康养、休闲、娱乐、健身、观光多种需求。现在看来，新中国成立初期的工人疗养院和干部休养所主要是向苏联东欧国家学习的结果，20 世纪 90 年代初期的旅游度假区建设则向美国、西方国家学习为主，总体学习借鉴有余，自主创新不足。比如干休所和疗养院过于强调事业属性，不能适应改革开放后的市场变化而逐步淡出公众视野，比如旅游度假区强调海滨、湖泊和山岳等自然资源的依托，依赖入境旅游市场政策支撑，无法适应大众旅游初级阶段的市场需求而不得不放弃功能区的发展目标，分别探索融入当地经济社会发展体系的行政区建设和面向国民休闲度假市场的品牌培育。

01

旅游度假区已经完成了行政主导的功能区建设向市场推动的品牌培育嬗变

1992 年 8 月 17 日，国务院下发《关于试办国家旅游度假区有关问题的通知》（国函〔1992〕46 号），明确指出，“国家旅游度假区是符合国际度假旅游要求、以接待海外旅游者为主的综合性旅游区”。强调试办国家级度假区是“改变我国旅游产品结构，提高旅游产品档次，提高国际竞争力的一项重要部署”。原国家旅游局当年批复了大连金石滩、青岛石老人和江苏太湖三个度假区，次年又在上海佘山、杭州之江、福建武夷山、福建湄洲岛、广州南湖、昆明滇池、三亚亚龙湾和北海银滩试办国家旅游度假区。在旅游行政部门、地方政府和社会各界的共同努力下，中国陆续建成了一批政策支持、风景优美、配套完善、服务优良的休闲度假

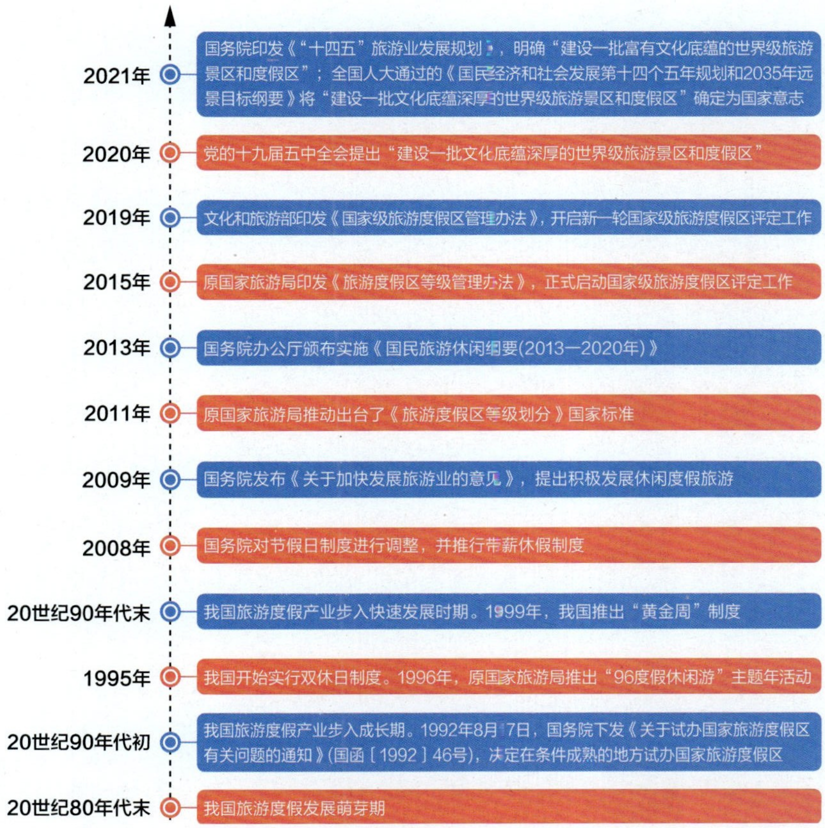

中国旅游度假区发展进程中的政策演进
（资料来源：课题组搜集梳理）

1999年“国庆黄金周”标志着中国迎来了以国民消费为基础的大众旅游新时代，也迎来了旅游度假区创新发展的新机遇，明确了旅游度假区建设的市场导向和旅游度假区运营的商业模式。2011年4月，原国家旅游局主导制定并颁布国家标准《旅游度假区等级划分》（GB/T 26358—2010），成为新时期旅游度假区创新发展的基础架构和底层器件。2015年，原国家旅游局印发《旅游度假区等级管理办法》，着手建立政府主导的国家级旅游度假区动态评选机制，并正式启动了评定工作。2018年机构改革后，这套标准和机制得以延续。2020年，党的十九届五中全会提出“建设一批文化底蕴深厚的世界级旅游景区和度假区”。2021年，全国人大通过《中华人民共和国国民经济和社会发展第十四个五年规划和2035年远景目标纲要》，建设高水平旅游度假区得以上升为国家意志。2022年，国务院发布《“十四五”旅游业发展规划》及其部门分工、文化和旅游部内设机构的工作分工，标志着旅游度假区建设进入全新轨道。截至目前，国家级旅游度假区数量已达63家，加上600多家省级旅游度假区、重点旅游城市的度假项目，以及粤港澳、长三角、京津冀、川渝、关中、中原、长江中游城市群的环城、环湖、环山度假带，基本满足了广大居民不同类型、不同层次和不同时长的度假需求。

02

旅游度假区建设要走分类指导、分级建设的道路，既要建设“少而精”的国家度假地，也要建设“特而优”的国家级和省级度假区，更要建设大批“小而美”的国民度假区

要建设大批“小而美”的国民度假区，满足人民群众休闲度假新需求。随着全面小康社会的建成、国民旅游经验的累积、国家对节日和纪念日放假制度的优化和带薪休假制度的落实，度假需求日益增长。观光、休闲、度假是旅游经济在不同发展阶段表现出的市场需求，不能简单地认为谁是低端的，谁是高端的。**为满足人民群众的度假旅游新需求，就必须让度假项目离城乡居民近些，再近些。**通过资本、技术、创意和创业的协同，通过城市更新和乡村振兴，导入大批“小而美”的项目、产品和服务，让更多的城乡空间成为“微度假”的好去处，让更多人可以享受“北京郊外的晚上”“北戴河海滨的周末”“太湖庄园的假期”。**中式度假不能仅仅关注自然景观，也要关注文化资源。**乌镇、宏村、周庄、篁岭、西塘、硖石等古村名镇，以名人故居、传统生活和主客共享的品质空间，吸引异国他乡的游客流连忘返。这些自然和文化资源，搭配极具辨识度的生活方式，兼具日渐完善的基础设施、公共服务和商业环境，与特定空间的国家级和省级度假区遥相呼应，为城市居民提供了更多休闲度假的场景选择。

要建设一批文化特色鲜明的国家级度假区，布局一批资源优势明显的省级旅游度假区，推进文化和旅游高质量发展。无论是国家级还是省级，都是旅游度假区的国家队和主力军。旅游行政主管部门不仅要授牌，还要进一步向地方放权并切实加强分类指导，帮助地方找准特定度假区的发展定位，哪些是资源依托型的，哪些是市场驱动型的，哪些可以康体疗养，哪些可以会展休闲，都要有权威的科学研究和数据支撑。**无论是国家级还是省级度假区，都要系统而深入研究中式度假的传统美学内涵**。皇家“秋狩”、官员“致仕”、百姓“避暑”和“猫冬”，其蕴含的传统生活方式、审美取向和价值观，对当代中国和世界的度假旅游创新发展仍有很强的启示意义。**丰富多彩的自然生态、名城古镇和传统文化，是旅游度假区空间布局的资源依托，也是时间延展的产品载体**。游客可以去呼伦贝尔体验草原生活，可以去阿尔山泡温泉，也可以去长白山滑雪，还可以去沙坡头的黄河宿集观星。当且仅当度假者发自内心地喜爱旅游度假地，乐于享用旅游度假设施和服务，旅游度假区才是美好生活新空间。在具体建设过程中，也要以更加开放的心态引进环球、迪士尼、万豪、地中海俱乐部等全球范围内的度假投资机构、品牌运营商，构建活力内生和边界开放的国民度假体系。

要建设若干“小而精”的国家度假地，服务主

场外交、文化交往和文明交流的国家需要。传统的旅游度假地如北戴河、承德、庐山、莫干山、鸡公山，依托的主要是山水环境和气候资源，当代旅游度假所依托的自然资源则更为丰富，类型也更加多样。北京雁栖湖、广州南沙、深圳香蜜湖、厦门海悦山庄、安徽黄山、杭州西湖等地均具有服务国家主场外交的国家度假地的潜质。可以选择资源有基础、历史有积淀、发展有潜力、国家有需要、地方有意愿的国家级度假区，有序建设若干展示国家形象、承担主场外交和文化交往职能的国家度假地。在总量控制的前提下，建成后的国家度假地非核心区域平时要向公众开放，不能只为特定人群服务而成为事实上的“度假飞地”。

无论是什么等级和类型的旅游度假区，都要满足当下的需求，也要引领未来的时尚。欧美国家将

度假视为生活方式，并从休假权利和国民福利的角度加以保障，主要表现为地中海、加勒比、夏威夷等地的夏季海滨度假，以阳光、沙滩、海水和“躺平”为主要特征；冬季的度假客源则流向阿尔卑斯、北欧峡湾、索契等地，以高山滑雪、日光浴和温泉为主。北海道、伊豆、轻井泽、鬼怒川等地的海滨、山地、温泉、雪景、和式旅馆则构成了日本的度假生活图景。相对欧洲、澳新和日本以“躺平”为主的度假生活，方兴未艾的中式度假既有传统的山水隐居，也有现代的都市娱乐；会选择环球、迪士尼、长隆、海昌、银基、横店这样的大型主题乐园，也会选择松鼠小镇、泡泡玛特城市乐园这样小而美的特色园区；既关注凯悦、白日方舟这样的度假酒店，也愿意“城市漫游（City Walk）”。**旅游度假区的规划者、度假产品的研发者不能机械照搬其他国家的商业模式，而应在创造性传承和创造性发展传统文化的基础上，充分发挥科技、文化和商业的力量，营造更多面向未来的生活场景，培育兼容并蓄的“中式度假新生活”**。

03

促进国内旅游扩容和入境旅游振兴，是旅游度假区的时代新使命，也是发展新动能

借鉴国际旅游度假区的开发模式和度假产业的发展经验，探索中国特色的度假旅游发展道路。受自然环境、历史文化、生活习惯、基础设施、公共服务和品牌积淀等多重因素的影响，世界旅游目的地和度假项目主要集中于地中海、加勒比海、南太平洋，以及南亚、东南亚等海滨地区和海岛城市。专项调研显示，与普罗旺斯—阿尔卑斯—蓝色海岸大区、圣托里尼、西西里、索契、夏威夷、奥兰多、迈阿密、坎昆、黄金海岸，以及亚洲的普吉

岛、济州、箱根等国外知名旅游度假目的地相比，中国旅游度假区在全球范围的知名度和存在感相对偏低。调查表明，国际前十位旅游度假区的检索热度长期维持在 54.1 的较高均值，中国国家级旅游度假区前十位的检索热度平均值仅为 18.7。中国的旅游度假市场开发和旅游度假区建设不可能也没有必要复制美西方的度假产业发展模式，国情、市场、制度和发展阶段都不允许。可行的做法是树立“独乐乐，不如众乐乐”“仁者乐山，智者乐水”“三秋桂子，十里荷花”的文化底蕴和审美取向，面向最大多数的人民群众，培育层次丰富、动静结合、主客共享的美好生活新空间，才能走出一条中国特色的旅游度假发展模式。在旅游度假区的规划、建设和运营过程中，不仅要关注优秀传统文化的创造性传承和创新性发展，也要弘扬社会主义先进文化，丰富旅游度假区的体验内容和消费场景。

坚持顶层设计、系统推进、开放共享的发展思路，构建中国特色的旅游度假产业体系，为世界旅游共同体贡献中国版的度假方案。中国的旅游度假区，不可能走度假区与社区割裂开来的“飞地”模式，也不可能搞少数人和小圈子的“高端”模式，更不可能踩踏生态红线，在自然和文化资源保护地搞开发。新时代度假旅游者应当是全球文明倡议的自觉践行者，社会主义核心价值观的知行合一者。**中国的度假产业发展和度假区建设，应当弘扬和平、发展、公平、正义、民主、自由的全人类共同价值，坚持共商共建共享，追求共同发展和共同富裕。依托自然资源、历史人文和社会生活而发展的旅游度假区，在满足国民度假需求的同时，也承载着促进人的全面发展、经济增长和社会发展的光荣与梦想**。有必要在《“十四五”旅游业发展规划》《国民旅游休闲发展纲要（2022—2030 年）》《世界级旅游度假区建设指引》《旅游度假区等级划分》等政府文件和行业标准的基础上，由文化和旅游、发展改革、社会保障、国土资源等部门联发制发《国民度假促进计划》。在世界级旅游度假区建设过程中，既要强调标准宣贯、项目入库、投资完善和考核验收，也要同步开展资源开发、产品研发和推广体系建设。

讲好新时代的国民度假故事，助力入境旅游振兴和世界旅游共同体建设。14 亿人进入度假市场，是足以载入中国和世界旅游发展史册的大事件，必将重新定义度假旅游并重塑全球旅游度假新格局。随着更多的国际度假旅游者到访中国，将有更多全球投资机构和市场主体参与中国旅游度假区建设进程。中国旅游研究院（文化和旅游部数据中心）专题调研显示，亚洲区域对中国旅游度假区感兴趣的热度最高，占比 37.12%，其次为欧洲、美洲、非洲和大洋洲。这意味着随着综合国力的增强，中国生态和文化建设成就获得了越来越多的国际认可。2023 年中秋、国庆节假日期间专项监测显示，全球主流媒体 102 篇涉旅报道中，正面报道占比 55.88%，正面和中立报道占比 88.24%，创历年节假日新高。文相通，心相亲，自然就会渐行渐近，建设世界级旅游度假区就会具备越来越厚的市场基础。可以文化体验、生态休闲、医疗康养为重点，深耕海外华人华侨、港澳台和亚太周边市场，**在全球范围内实施度假旅游专项推广计划，促进入境旅游振兴发展**。用好中国发起成立的国际旅游组织、海外文化中心和驻外旅游办事处、国际友好城市和国际旅行商，举办度假旅游专题推广活动，面向境外旅行商和潜在客户开展精准营销。

相比观光旅游，度假旅游对常态服务、日常交流和生活链接有更高要求。中国越开放，海内外度假者和旅游从业者的交流互动也会更多，将来还会有越来越多的旅游度假区承接世界性的节展、赛事、会议和论坛。要适应主要客源地语言习惯，有序完善度假区外文名称和标识，加强境外主流网络和社交媒体的内容输出，用世界听得懂的语言讲述新时代的中国度假故事。联合文化和旅游、公安、外交、移民、交通、发改、商务、市场监管等部门力量，专题研究签证居留、航班航线、基础设施、公共服务的政策优化，破解社区利益冲突等难点堵点问题，为海外游客的度假生活和社会交往留足必要的政策空间。

* 感谢中国旅游研究院国际旅游研究所杨劲松博士、李隆辉博士、朱昊赟博士参与研讨与制图，感谢北京市文化和旅游局政策研究室孙博同志在部分观点形成过程中的意见与建议。

作者简介：

戴斌，中国旅游研究院院长。

促进中国度假市场发展的制度透视——从地理科学视角

吴必虎

在中国经济发展的新阶段，文化和旅游产业已经成为中国促消费的主力。而观光这一类型已经进入发展的平台期，能否完成国家赋予文化旅游业的战略任务，根本取决于中国的休闲和度假产业能否快速发展。相对于国际，我们在这方面还有很大的空间。

为促进中国度假市场快速、健康发展，需要在政策、制度上因时制宜，做出相应的调整或改善。而所有的制度调整都应该有科学根据。本文希望从地理科学角度，探讨一下两个方面的制度问题：**假日制度的设计问题，以及度假行为的空间尺度模式与度假资源管理制度上的因地制宜问题**。

一、假日制度设计的区域差异与时代特征

每年下半年国务院颁布下一年度的放假计划安排前后，都要出现一波关于假日制度及放假节奏安排的广泛社会讨论乃至争论。随着中国工业化城市化水平的提高，加上人工智能给许多行业的就业机会带来的巨大冲击，人们对于就业与休假的关系，对于旅游休闲对一个国家、一个地区的社会经济影响的讨论也越来越受到广泛的关注。从中国文化自信、制度自信和旅游目的地竞争角度看，我们应采取怎样的过节方式，过西洋节日还是过传统节日？是否存在中国式度假方式，这是一种什么样的度假方式？更具体一点来讲，我们现在一年之中该放多少天假，这些假日安排在各个季节的哪些天？所有上面提及的问题，看上去与天文、气候、植被、水文、人口、城乡等地理要素无关，实际上它们背后却存在着紧密的联系。地理学是一门研究人类生活着的地球表层地理要素整体及各自的发生、发展、演化规律，研究人类生存、生产、生活与其所在的地理环境（生态系统）之间的相互作用的关系及特征的学科，假日制度的设计与时代特征、人类出行活动的空间尺度及其基础设施、自然游憩和休闲度假所依赖的自然资源与文化景观的制度设置等，都涉及人地关系和地理学解释理论。也就是说，可以应用地理学基本原理，来观察、评价甚至指导我们的一系列政策、制度、规范和技术指标的研究、制定与实施。

从自然地理学方面来看，中国的国土覆盖范围和总体面积虽然不是世界上最大的，却是地理景观差异性和地理区域差异性最大的国家。从人文地理学角度来看，中国也是世界上唯一一个历史文化悠久长达上下五千年却又基本上没有中断过的伟大文明。**这两方面结合在一起，就形成了中国社会政治经济各方面的中央集权、号令一统、政策一律与地情复杂、各自为政、政策末梢无效矛盾同时存在、相互博弈、动态平衡的现象。放到旅游度假制度和度假方式选择这一具体问题来看，同样存在这一基本矛盾和长期博弈现象**。

中国南北气候与东西文化上的差异巨大。以秦岭淮河一线为南北分界，这是一条年平均温度为0℃，水稻与旱作、行船与骑马、汉语官话与南方方言、建筑设计规范设不设取暖设施的基本带状分异区域；同时，还因400毫米年平均降水量、生物生产量（粮食亩产与草原载畜量）、农耕与游牧分界地带所在的胡焕庸线形成的东南部与西北部的两大畛域（仅河西走廊稍有不一致）。当然，除了陆地上的南北差异与东西不同，中国还是一个具有绵长海岸线、广泛分布沿海岛屿的国家，拥有大陆文明之外的、被长期忽视或被明清两代严重制约发展的海洋文明。

农耕文明、游牧文明和海洋文明三大体系相互碰撞、交相影响、相互作用，构成了中国独特的中华民族文化体系、多元一体的国家认同和因地制宜的治理智慧。

观察一下中国现行的法定假日设置，除了周末双休全年一共约为104天之外，国家统一规定的假期是元旦1天、春节3天、清明节1天、劳动节1天、端午节1天、中秋节1天、国庆节3天，全年总共11天。在实际执行过程中，通常会将国定假日前后的周末双休进行适当组合以便于构成较长的假期，其目的是便于国民进行较长距离和时间的外出休假。

例如，前不久国务院办公厅发布的关于2024年部分节假日安排的通知，规定2024年各节日的实际组合为元旦（3）、春节（8+1）、清明节（3）、劳动节（5）、端午节（3）、中秋节（3）和国庆节（7）模式，放假调休日期的具体安排形成了8、7、5、3、3、3、3的结构。其中春节虽然表面为8天，但通知中又明确告知社会各界，除夕那一天可以通过各单位自行调休的形式增加1天，把一部分放假安排的权利让渡给了社会自组织。

在这里我们希望给政策制定部门提出的一个建议是，上述假期安排中，**春节、国庆节和五一劳动节，是三个假期较长的节日，也具有更强的政治意义和中国传统文化（国家认同）意义，每年由中央政府（国务院）统一安排，也便于中远距离的出游安排。但如果考虑到前述中国南北之间、东西之间的自然地理与人文地理区域差异，各地气候冷暖、劳动保护、能源消耗和地方文化的不同，完全可以将其余的假期安排权力下放给各省级人大和政府制定及执行**。北方寒冷的季节，相关省区市可以多放一些天到南方避寒；夏天南方特别湿热，可以多放几天让居民到北方避暑。这样安排的好处一是加强了劳动保护，二是节约了采暖和降温的能耗，三是提高了目的地省份的经济效益。

中国现有节假日构成表现为鲜明的农耕文明节令特点。前文已经述及，现行11天的国定假期，除了春节、五一劳动节、国庆节三大节日，其余元旦（3）、清明节（3）、端午节（3）和中秋节（3）多数属于对农耕文明二十四节气的响应。清明、端午、中秋固然承载了一部分中国传统文化，但前面也已提及，中国的文化沉积来源于农耕、游牧与海洋三大文明的碰撞融合，完全基于农耕文明来设置节日，并不能响应系统的文化结构，更为重要的是，现代工业社会已经不再完全依赖农业节气，而出现都市农业、设施农业和反季节种植体系。**今后的节日设置需要响应除农耕文明之外的更多文化要素，特别是休闲度假时代、人工智能时代，年青一代对狂欢节、情人节和地方特色文化节等新型节日充满了殷殷期盼**。

二、度假行为的空间尺度模式

一个人或一群人在一次出游度假过程中能够离开家门走多远，基本上可以概括为三种模式，**也就是中长假期出行行为的距离衰减、特殊时期的区域间隔离形成的旅行泡泡以及宅男宅女们偏向于窝边微行的目的地选择模式**。已有研究显示，由于长距离、长时间出境或出省旅行度假需要较大的经济成本和时间成本，以及由其产生的机会成本，因此一个家庭通常需要准备 2~3 年时间才会远距离（出境、出省）休闲度假一次。当然，这里是指 14 亿人口的总体平均情况，而其中 10%~20% 的高收入家庭，

一边工作，当地居民也从原来的农业种植逐步转向同时生产粮食和乡愁的新空间生产时代。如何适应今天中国度假行为的空间尺度模式特征，对于推动中国度假市场大幅度发展，进而实现旅游产业对于提升消费的增量作用，具有重要意义。

现行的立法、制度、管理方式，需要更加适应时代、符合科学、以人为本。自然保护地的核心保护区能不能让人进入？什么样的人可以进入？进入之后哪些事可以干，哪些事不能干？在这里，运用地理学理论观察和分析旅游休闲所涉及的旅游资源的保护与利用制度，就会发现哪些制度是科学合理的，哪些规定是违背地理科学、阻碍社会经济发展的。限于篇幅，这里只讨论生态环境、农业农村和自然资源三个领域存在的违背地理科学规律和产业发展要求而制定的一刀切问题。

流行一时的环保督察过程中经常出现一刀切的问题。不同类型的自然保护地对人类行为的反馈能力和韧性（弹性）是不一样的，仅凭这一点就无法解释一些文件要求各地政府做到核心保护区内“不得有人为活动”。这一规定首先不符合地理学人地关系地域系统理论，因为**任何生态系统之中，人类都是其必然的组成部分**。不让动辄数百平方千米的区域内存在人类活动，不就是否定了这数百平方千米的地理区域与人类是一个整体的科学解释吗？**任何生态系统存在的价值，就在于其为人类提供的供给服务、调节服务和非物质服务（文化服务），人都不让进了，还谈什么生态服务？**

在实施耕地保护过程中也时常出现农地唯粮的偏执行为。明明中央多年来一直要求农村要一二三产融合发展，**但是在农用地 10% 可用于设施用地的实施过程中，不少地方竟然不允许在这些地方进行农**

箱根汤本站换乘中心

配套。

相比之下，在国内诸如安吉、莫干山等相对成熟的度假区，也有高铁站点，**但国内高铁站点的选址大多只考虑城市发展的需求，站点选位往往远离度假区的核心区位**。因此，从核心大城市到达度假区，在大交通通勤方面仍然不够完善。同时度假区内部的旅游小交通基础设施也不够充足，这样不利于游客的到达和在度假区内方便地徜徉，尤其不利于未来中国社会以活跃长者为增长核心的老年游客群体。

02

以长期主义原则，树立愿景、条例、公约与规划

从日本的度假区的长期发展和管理经验来看，在度假区建设早期，除了基础设施建设之外，首要确立的是关于度假区的自治管理原则、环境保护条例、公约和基础保障措施，形成“人与自然共生”的发展理念，这才是长期发展的根本之道。

轻井泽的《市民宪章》特别指出，作为国际文化观光都市的居民，应对世界未来发展有所认知，希望所有市民除了一起保护这座高原上的自然村落外，也要用心接待每个来访的游客。

因此，轻井泽的《市民宪章》做出如下核心约定：

（1）保护大自然赋予的自然环境，保持淳朴善良的民风。

（2）用心接待游客。

（3）高度发扬传统文化。

（4）爱护绿色高原与自然。

（5）将家庭和乐的氛围延伸至社区文化的形成。

日本管理当局对轻井泽的定位也非常清晰，即“独具轻井泽高原的自然和历史特征的国际级保健休养地”。

值得我们学习的是，**轻井泽对于度假区内的建筑规范和景观保护有着严格规定，包括建筑覆盖率、建筑面积比例、和相邻房子的距离、建筑物高度、屋顶倾斜的坡度和建筑外墙涂料的颜色、亮度及饱和度以及商店的招牌，都有详细的标准。这也有效管控了后期商业房地产过度无序开发对整体自然环境的损害，同时也控制了整个轻井泽的物业建设风貌。**

1972 年颁布《轻井泽城自然保护条例》，其中明确规定，不得在一个区域内建造超过 1000 平方米的别墅。楼层数不能超过 2 层，建筑覆盖率和容积率要低于 20%。

在这样详细的规划标准控制下，轻井泽上百年来的发展一直处于人与自然高度和谐状态，而那“轻井泽独有的绿意环绕的优美环境”并没有因为资本的介入而被大幅破坏，反而成为日本社会最受欢迎的流行时尚。

如今，轻井泽是全日本最大的别墅聚集群落，轻井泽就是一个在别墅文化下发展蓬勃的旅游度假区。然而轻井泽能够有序地发展，过去的优秀的别墅景观能够保留，新的别墅能够融入轻井泽的自然环境，要归功于轻井泽政府颁布的一系列保护措施。

相比之下，中国大多数度假区的管理，都是一种短期的发展计划，缺乏长达几十年甚至上百年的长线经营意识。因此，多数度假区没有公约及宪章式的综合管理条例，因而也缺乏对社会力量和社会共识的调动。而在建设管制方面，各个地方都是遵守了全国的一刀切的管理规定，并没有根据自身的环境和用地特色，制定灵活适用的用地政策，从而限制了未来发展的适用性和灵活性。

03

以文化为引领的度假区内容营造

在持续上百年的发展过程中，除了大自然馈赠的优良环境之外，当地的投资商和经营者们，还做了哪些业态，从而吸引度假客人持续到访？哪些业态能做到长盛不衰呢？

我们来看箱根地区的一些问卷调研。调研结果显示“品尝日本料理”是国际游客被箱根吸引的最大理由。

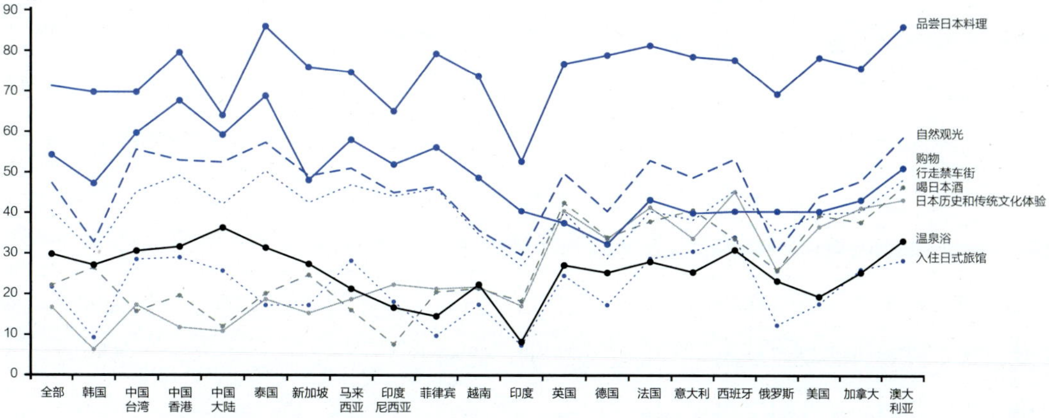

国际游客被箱根吸引的理由前 8 位排名（2016 年，单位：%）

资料来源：观光厅“访日客消费动向调查”、JTB 综合研究所制作

我们再来看箱根町观光协会在 2017 年做的另外一组调查。从访客目的来看，温泉、美食、自然景点、住宿、美术馆、神社等分别是箱根最具吸引力的项目，而评价最高的 15 个景点，以美术馆、博物馆等艺术类景点和自然景观为主。

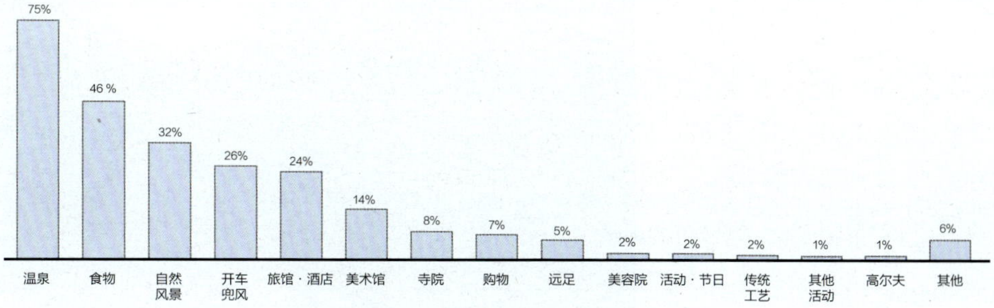

访问目的（多个回答，n = 1000）

资料来源：箱根町观光协会“2016 年度箱根市场调查”（2017 年 3 月实施）

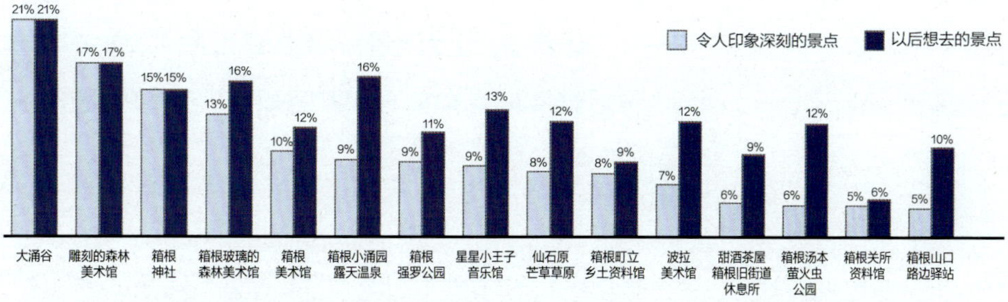

令人印象深刻的 15 个景点 / 今后的访问意向（多个回答，n = 1000）

资料来源：箱根町观光协会“2016 年度箱根市场调查”（2017 年 3 月实施）

如今这样的度假区游客满意度的结果的背后，是它们多年来持续不断营造的度假区的内容体系。

在度假区的内容建设方面，箱根与轻井泽的打造模式比较相似：**它们通过在开发丰富多样的自然景点基础上，又构建了成体系的小尺度的文化设施，再加之丰富的住宿产业配套，形成了比较丰富完善的度假区的生活方式系统。**

1. 轻井泽度假区的内容营造

轻井泽占地 153 平方千米，其中观光、温泉、高尔夫、滑雪、教堂、美术馆等各类产业资源分布在度假区的不同位置，带动了度假区总体的产业盘活，也有利于分流和平衡不同产业需求的客群群体。

从旅游资源的分类来看，轻井泽旅游内容营造分为两个体系：

体系 1：围绕镇域周边的自然景点的观光和度假。

这里的自然景点包括：

（1）8 个名胜景点：云场池、白线瀑布、瀑布的瀑布、千之瀑布、辉冰山顶、轻井泽野鸟森林、盐泽湖、辉冰岭熊野神社。

（2）7 个登山地：浅间山、石尊山、小浅间山、风越山、离山、爱宕山、矢崎山。

自然景观和登山远眺，是轻井泽最重要的观光资源。

轻井泽云场池景点

体系 2：上百年来，逐步建设的人文度假设施，形成了如今包括温泉、美术馆、教堂等独具特色的主题性人文景点体系。

在轻井泽的人文景区中最重要的是婚庆产业，其次为文化艺术产业。这里就包括了 6 座教堂、3 个公园、8 个美术馆和博物馆、5 处温泉和 6 个高尔夫球场。

相比之下，中国的景区特别喜欢用大型宗教佛像、宫殿城墙、主题游乐设施等大尺度的旅游吸引物来吸引游客，这样的营造方式往往投入巨大，运营负担过重。

而轻井泽的旅游吸引物基本都是用著名设计师、采用小尺度建筑的创造，这种策略的好处在于创作的艺术作品既有极高的艺术和审美品位，同时又能有效控制造价和运营成本，进而在有限的投入预算范围内更多样化地设置内容体验，吸引游客在全域范围之内进行观光和旅游。

接下来重点介绍几个特色业态。

第一，旧轻井泽银座街。

银座街是整个轻井泽发展历史最悠久，也是业态最完备的购物街区。周末来轻井泽度假，来银座街漫游购物，早已成为东京人的一种传统。

银座街的肌理结构像极了中国传统村落、小镇的结构，房子依主街而建，同时穿插出巷弄关系，房子自然地生长，沿着主街的轴线延伸开去，每栋建筑在保持个性的同时，又注重协调和统一。

第二，中轻井泽的星野度假区。

作为著名的日本度假区经营企业——星野集团的发迹之地，中轻井泽的星野度假区经过上百年的迭代更替，已经发展成为享誉全球的名片。

这个片区从星野家族早期的温泉经营开始，逐步拓展到婚庆产业和配套商业，从石之教堂、高原教堂，到虹夕诺雅酒店、星野温泉蜻蜓之汤，再到榆树街小镇，上百年来迭代出来的每一个项目都堪称是一个划时代的文旅作品。

星野度假区蜻蜓之汤温泉

值得一提的是，上述几个精彩的作品，体量都不是很大。榆树街小镇的总建筑面积只有2000多平方米，而虹夕诺雅轻井泽也只有20栋别墅和77间客房。分布于一片绿意盎然的树林之中的石之教堂、高原教堂和星野温泉蜻蜓之汤，体量也大体在几千方不等。因此我们看到，这些极具设计力和体验感的小尺度旅游吸引物，恰恰就是轻井泽文化和度假集合的最佳代表。

总结一下，轻井泽度假区经过上百年的迭代，这里的产业从最早的别墅和温泉产业，不断发展完善，如今已经形成了疗养、会议、婚庆、运动和度假产业全面发展的局面。

04

卓越的活动营销、全域联动的营销管控

轻井泽与箱根度假区在历史发展的过程中，同样与日本社会的很多重大历史事件衔接，它们参与了历史，也影响了历史的进程。所以对于一个国家级顶级度假区的营销来看，重大的活动事件就起到了良好的催化剂作用。

早在1931年，轻井泽就兴建了赛马场。而从1953年开发了浅间山运动场开始，各类运动活动就成为轻井泽度假的一大标杆。1957年，明仁天皇在轻井泽打网球的时候，与皇后美智子在轻井泽邂逅，两人如今也经常到此地旅游，这段浪漫的故事在日本被传为人所共知的佳话。皇室成员的背书，也为轻井泽的发展带来了很好的宣传效应。

之后，1963年世界速滑比赛、1964年东京奥运马术比赛、1998年长野奥运会冰壶比赛，都选择在轻井泽召开。这些国际级的活动盛事，一直成为轻井泽的标签。

轻井泽虹夕诺雅酒店

除了体育比赛，还有各种会议频繁不断地在轻井泽举办。最为著名的是G7的7国集团外长会议，一直定期在轻井泽召开。

另外，日本社会的各种重大文艺活动和事件，也都选择在轻井泽发声。文艺产业也是轻井泽生生不息的一股产业发展推动力。早在1924年，日本大文豪芥川龙之介到访轻井泽；1973年，轻井泽就创刊出版《an · an》《non – no》两个时尚杂志，一直在影响着东京的流行风潮。1976年，约翰·列侬一家来轻井泽避暑，又一次带动了轻井泽在文艺界的影响力。最近几年，火热日剧《东京四重奏》也选择在轻井泽驻点拍摄。在新一代日本年轻人的心中，轻井泽就代表了一种理想主义的森系潮流生活方式。

除此之外，在轻井泽常年还有小型的活动举办，比如高原教会点亮仪式、轻井泽雨伞祭、松本BONBON、红叶图书馆阅读活动。这些小而美的文艺活动，一直为轻井泽带来源源不断的创新力。

而这些活动的背后，是整个度假区的营销管理政策的管控结果。下面以箱根度假区的管理模式来说明一下。

2018年，箱根度假区就设立了**箱根DMO旅游目的地营销管理联合组织**（Destination Management/Marketing Organization），旨在加强与私营企业和非旅游领域的公司的合作。

这个DMO组织的具体工作包括：境内外游客市场研究和市场营销、箱根旅游宣传（旅游信息的收集、汇总、编辑与发布；在传统媒体与新媒体上的曝光）、国内外旅游业运营（旅游推广会、观光信息制作）和一些行政事务（旅游人才的培养、箱根町观光振兴协会事务等）。

除此之外，DMO组织还配合度假区的各类投资主题，大力开发利润项目的落地以及引进促进箱根旅游业的企业。

相比之下，**中国的度假区建设，更多的是各个运营主体独立作战的模式。无论是国资投资的景区，还是民间资本投资的民宿，都是通过各自的营销渠道和生意网络发展自己的客户**。从全域来看，整个度假区内都缺少一种共同合作、相互推广的机制。受制于资金和管理能力，大量中小型的经营主体都没有高水平的营销和管理策略，因此呈现出小、散、乱和同质化竞争的局面。**缺乏类似日本度假区的DMO式的联合服务和统筹管理机构，是当下各个度假区的管理痛点**。

05

高水平投资主体，长期迭代开发

在漫长的开发区成长过程中，核心投资力量与整个开发区的发展密不可分。这些核心的投资力量，就是各种民营和国有的大财团。

在轻井泽，主要的投资主体包括西武和星野两大财团，它们分包了两大板块进行系统开发，至今该两大板块的酒店及度假功能和产品水准都堪称世界级。

星野家族于20世纪初发家就在轻井泽。1914年，星野家族在轻井泽挖到温泉，开发出第一家星野温泉酒店。20世纪90年代，星野家族第四代掌门人星野佳路执掌后，把西方的酒店管理理念和日本传统旅馆文化相结合，集团发展迅猛，旗下酒店逐渐摆脱经营困境，走向世界。星野集团产品让住客心甘情愿为之买单依靠的不仅仅是日本服务业的款客之道，更多的是以历史和传统为基础，迎合时代和顾客的需求。

而箱根度假区的长期开发的背后也是小田急和西武两大财团漫长的商业战争。这两大财团的片区开发手法略有不同，但核心都是通过掌控区域小交通的动脉，从而控制区域的土地所有权，后期随着土地价格的上涨，集团开发的不动产也随之水涨船高。

小田急在箱根主攻交通，目前掌握了箱根立体交通方式中几乎所有的道路工具，发行周游套票，形成体验感极强的游湖线路。2017年，小田急浪漫之线套票销售量为95万张。西武集团在箱根的休闲设施同样收益颇丰。旗下的王子酒店是日本家喻户晓的高端酒店的象征，高尔夫俱乐部的年会员费高达千万日元。

轻井泽王子酒店木屋区

除此之外，各种新型的融资渠道的引进，也对度假区的公共设施的发展起到了关键作用。

比如，在箱根度假区中，就广泛使用了PFI（Private Finance Initiative）私人融资方案，是PPP的一种主要模式，通过长期的合同安排将私营部门资源（资金和管理经验）引入基础设施及公共服务部门。在PFI模式下，由私营部门融资建造基础设施，基础设施建成后由私营部门负责25年或30年运营来提供公共服务，由用户付费或者政府付费。政府通过PFI模式，保证公共服务的提供更有效率及更省费用。PFI模式将政府的关注点从基础设施本身转移到了公共服务本身。等到后期，这些PFI资产就转让给麦格理银行基础设施基金。这种模式通过广泛利用各种社会融资手段，对度假区中的基础设施资产进行投资运营。

对比中国的度假区，在道路等基础设施的投建方面，更多是使用地方政府平台公司申请的专项资金，缺乏更多的社会投资主体的注入。这样在投建效率和运营回报方面，缺少合理的评估和反馈机制，特别容易造成基础设施投资的过度超前和浪费。而在市场化的投资主体方面，民营资本广泛缺失，多数民营资本也是以地产模式来获得投资收益。但当下随着地产泡沫的崩塌，民营资本在度假区的投资显得更加弱小和苍白。**专业的、有实力的、有整合资源能力的民营投资主体的匮乏，也是当下度假区发展滞后的一个重要原因。**

06

总结

2003年7月，日本政府为了找到新的经济增长点，提出“观光立国”战略，把旅游业的发展与日本经济复苏相结合。

轻井泽和箱根这两大旅游度假区的发展史，也是日本近代经济发展的缩影。这两大经典度假区在日本经济增长的起落中不断发展，在困顿时坚守，在顺境时豪迈，从而穿越了多个经济周期。

经过100年，这两大经典度假区不断创新和迭代，渐渐被世界关注，成为知名度假胜地。而它们在这漫长过程中的经验、策略、模式和故事，值得我们认真学习。

作者简介：

邹毅，上海领易咨询总经理。

避暑贵阳

——高炽海对话贵阳市副市长龙丛

对话人：高炽海
　　　　龙　丛

高炽海：龙副市长，您好！从网上看，2023年似乎整个贵州省的旅游都很火热。贵阳市的情况怎样？特别是贵阳市今年暑期旅游的情况怎样？与去年相比、与疫情前相比有什么变化？

龙丛：高主编好！贵阳素有“中国避暑之都”的美誉，文化旅游资源得天独厚，贵山贵水千姿百态，阳明文化源远流长，民族文化丰富多彩。这两年，贵阳市依托旅游枢纽优势，抓住避暑旅游旺季，大力培育新产品、新业态、新模式，以“提振信心、扩大消费、提升品质”为主线，持续提升“爽爽贵阳”城市品牌影响力，奋力将贵阳打造成为具有国际影响力的旅游名城。通过不断丰富“爽爽贵阳”的品牌内涵，将旅游资源串点成线、连线成面，让市民和游客尽享“爽身、爽心、爽眼、爽口、爽购、爽游”的“六爽”之旅。今年上半年，我们策划开展了“新年烟火季”“繁花似锦赏花季”“主客共享季”等系列文商旅融合活动，加速推进旅游市场复苏。特别是 6 月至 8 月，贵阳迎来了避暑旅游热潮，散发“清凉”魅力，获得中国十大“大美之城”、“2023 避暑旅游优选地”等称号；9 月以来推出的贵阳路边音乐会火遍全网；11 月还入选英国伦敦世界旅游交易会发布的“2023 年中国十大旅游目的地必去城市”。

说几个数字吧：今年 1 月至 9 月，贵阳市累计接待游客 1.22 亿人次，实现旅游收入 1577 亿元，接待过夜游客 2336 万人次，游客人均花费 1297 元。可以说，贵阳市旅游业主要指标已恢复至疫情前水平。

高炽海：过夜游客 2336 万人次，这个数字不错。那这部分游客愿意在贵阳待几天呢?

龙丛：第三方抽样调查的数据显示，来贵阳的过夜游客平均停留时间大约为 2.8 天，停留时间较 2019 年增长 4%。

高炽海：过夜游客平均停留接近 3 天，可以看出这部分游客中大部分可以算作在贵阳度假的类型。您觉得现在能否做出这样的判断：贵阳的避暑度假产业已基本确立?

龙丛：其实疫情前就可以做出这样一个判断

贵阳街景（陈伟红 摄）

了。而今年贵阳旅游市场快速恢复，已经可以说贵阳的避暑度假产业也恢复了。

可以从几个方面来看这个判断：

首先可以从市场结果看。比如过夜游客占比高，停留时间更长。还可以看携程发布的《2023年暑期出游市场报告》。今年暑期，目的地为贵阳的暑期订单量同比增长71%，截至7月初，贵州暑期整体订单量同比增长225%，跨省游订单占比九成，亲子订单同比增长346%。另外，今年贵阳市接待旅居游客近4万人次，其中70%以上来自湖南、四川、重庆、广东等外省（市），超过40%的人停留15天以上。贵阳“避暑经济”已然形成。

其次可以从产品供给看。近年来，贵阳围绕爽身、爽心、爽眼、爽口、爽购、爽游几个主题，培育了一批适应市场需求和消费升级的新业态、新模式。

最后可以从国民对贵阳的品牌印象看。到现在为止，“爽爽贵阳”这个品牌在中国游客心目中已牢牢扎根。大多数中国人对贵阳市都有了一个夏季凉爽、适合避暑的基本印象。

高炽海：我出生在贵阳，对贵州的旅游产业格局也算有些了解。贵阳只有一个AAAAA级景区，没有大型主题公园，周边各市各自治州基本上都有世界遗产，而贵阳没有。在观光为主的时代，这往往就注定这个城市是一个中转地，但贵阳却走出了一条避暑度假的道路。这是很值得研究的一个现象。您觉得这种状况的形成是什么原因导致的？

龙丛：贵阳的天然禀赋是一部分原因，全国和贵州的交通改善是一部分原因，还有贵阳市全体人民的努力。

首先，老天爷的确给了贵阳得天独厚的自然生态。一方面，夏季的平均气温为19℃~26℃，最高气温不超过31℃，温差也不大。同时湿度正好，不干燥，端午节后也不潮湿。另一方面，这是一个公园城市，贵阳市的森林覆盖率高达55.69%，河流、湖泊众多，整个城市就像建在公园之中。

其次，只有自然资源是不能使避暑度假产业自动形成的，这里有一个很重要的前提条件，那就是大交通的改善。除了机场，有两件事影响最大。一是贵广高铁、成贵高铁等高铁线的建成通车，大大缩短了全国各地，特别是珠三角、成渝等重要客源地到达贵阳的时间，大幅提升了进入性。二是贵州省在大约2015年率先在中国西部实现县县通高速，在全国排第七，这对一个全是山区而且经济落后的省份特别不容易。高速路网的形成使得赴贵阳的游客也容易省内漫游。

高炽海：这一点我了解。很多两广的朋友说夏天要是热得受不了了，就一趟高铁奔赴贵阳，凉爽几天再回。这就是交通改善后的力量。

龙丛：是的。但是，除了老天爷给的自然生态以及全国全局性的基础设施建设，贵阳市全体人民共同努力，形成了一些避暑贵阳的特色经济，也是重要原因。

比如**贵阳的“清凉经济”“美食经济”“烟火气的街区经济”“青年经济”**，都是一些重要的支撑。

高炽海：这些可以展开说说。比如说“清凉经济”，贵阳市政府是什么时候意识到“避暑”是贵阳的竞争力并把它作为旅游产业发展的突破口的？

龙丛：认识到这一点很早，但是整个工作的时间很长。

2007 年 6 月至 9 月，贵阳市举办了“森林之城　魅力贵阳——2007 首届中国（贵阳）避暑节”。在此期间，中国气象学会在对贵阳市 80 年气象资料进行评议和论证后，授予贵阳市“中国避暑之都”称号。从那个时候起，贵阳市政府就已充分认识到“避暑旅游气候”这一珍贵资源，然后做了很多工作。

这里包括了“避暑气候”的理论研究。重点研究、掌握和论证贵阳气候对消暑度夏、人居环境、医疗保健、休闲舒适等方面的有利因素，为创建“宜居贵阳”提供气候方面的有力佐证，奠定理论基础，从而进一步提升贵阳城市竞争力。

这里也包括了着手提高城市名片的含金量。“爽爽贵阳”这个品牌就是在 2007 年提出的，2014 年又做了品牌深化。2022 年，贵阳进一步深化“爽爽贵阳”品牌内涵，这个城市 IP 将围绕爽身、爽心、爽眼、爽口、爽购、爽游“六爽”的亮点与特色，重点打造，充分彰显“爽爽贵阳”的独特魅力。

高炽海：“爽爽贵阳”这个口号很好。**一个好的城市宣传口号或者旅游口号，一定要突出那个城市最独特的东西，而且，一定要与时代同频。**孙楠还唱过一首《爽爽的贵阳》。

但是，“清凉经济”要能够落实，还需要有更多的载体承接。

龙丛：是的。在贵阳这么多年的城市建设中，可能不是方方面面都如人意，但是有一条是贵阳市一直坚持的：**必须保持贵阳那种城市与自然充分融合的、“公园城市”的基本形态。**

贵阳喀斯特地貌突出，城市空间狭窄。老城区的黔灵公园曾经是中国最大的城市公园，但随着城市的发展，这些屈指可数的去处常常人挤人，一些市民进趟公园，路上得花很长时间。2015 年贵阳提出统一规划，着力构建贴近生活、服务群众的生态公园体系。通过想尽办法“抠”出土地，因地制宜“量体裁衣”，一批布局均衡、功能完善、环境优美的公园逐步建成。

目前贵阳市各类公园总数达到 1025 个，极大地拓展了市民的休闲娱乐空间。截至 2022 年底，全市建成区公园绿地达 45.78 平方千米，人均公园绿地面积超过 14 平方米。

城在园中，园在城中，良好的生态环境是长远发展的本钱，**绿色经济才是“清凉经济”的最好保障和最好载体**。这种发展理念和建设成果，不仅让贵阳市民永远有宜居的幸福感，而且让游客有呼吸清凉的去处。

高炽海：贵阳的老城区原来是一个小而美的山

观山湖公园（陈伟红 摄）

城，很多街巷都有历史赋予的独特味道。10年前，贵阳的城市建设快速发展，是拆的多，而这些年，是在保留老街的基础上做城市更新的多。这个变化是怎么发生的？

龙从：之所以产生了这一点变化，有两个原因。一方面是贵阳市的新城——观山湖区快速发展，已经能够很好地承担贵阳城市化的人口承载要求，老城区的压力就减少了。**另一方面是这些年来全国城市建设理念的变化。大家现在越来越珍惜城市的遗存，越来越不愿大拆大建，越来越接受城市更新的发展方式**。贵阳不是这种建设理念的提出者，但是积极的践行者。

因为这种保护和更新，贵阳市老城区的那种悠久的本地文化，那种独特的黔味"烟火气"，才得以保存并发扬光大，也才对赴贵阳的游客形成了重要的吸引力。

比如这几条街。一是花溪区的十字街。这是一条老街，现在焕然一新。既保留了原有的老街记忆，又处处可见独具风格的市井文化创意。有文艺气息十足的油画，有充满童趣的亲子主题街区，当然也有花溪特有的美食，很有吸引力。

二是太平路。现有的太平路大概不到200米，这么短的街道上你难以想象可以容纳多少东西，而又是多么时尚文艺。有很多小众的咖啡馆，有日料、韩料、烤肉店，街上还有一个个独具特色的汽车后备箱摊位穿插着，就是几张桌椅也是一家店。这应该是贵阳最年轻最小资的夜市，不像传统夜市那样由大排档构成，特别时髦，颜值过硬，已经被推崇为贵阳的"打卡圣地"。

高炽海：上次回贵阳时去了太平路，很有些意思。因为有个长辈曾经住那儿，小时候经常去，很多木结构的小楼，没想到今天变成年轻人的圣地了。还有青云市集，也完全想象不到。

龙从：是啊，青云市集也很有特色。青云市集的缘起是它旁边的青云路，那一直是贵阳人的"深夜食堂"。这里的夜宵、烟火气是贵阳人的城市记忆之一，"有人在夜市或小吃摊的烟火中长歌纵酒，也有人眼波流转迎面撞进夏日晚风"。为了一锅烤鱼、一碗水果豆花、一顿烙锅或烧烤相聚青云路，是无数老贵阳人的回忆。从青云路往里走，是老针织厂，很大一片。如今针织厂的肌理依旧，但进行了区域形象整体改造、商业形态升级，华丽转身为青云市集，是贵阳传统餐饮和现代餐饮、文创最集中的地方，游客和市民都很喜爱，味觉和视觉都很让人满足。

高炽海：一座有烟火气的城市才是温暖的城市，而温暖是最吸引人的。

青云市集（陈伟红 摄）

龙丛：还有一件事值得一说。近几年，贵阳正在实施“一圈两场三改”建设，就是围绕“教业文卫体、老幼食住行”打造15分钟生活圈，建好停车场和农贸市场“两场”，加快推进棚户区、老旧小区和背街小巷改造“三改”工作。这一方面使贵阳市民感受到“让幸福在家门口升级”，另一方面也给了赴贵阳的游客更好的度假体验。城市发展，本来就应该是主客共享的嘛。

高炽海：美食是贵阳的一大特色，特别是小吃。当代旅游的一大动力就是美食，而度假就更需要吃得好。我多次观察到，比如在南门口肠旺面，有很多外地游客，其中有的明显是慕名而来打卡的年轻人，也有归乡的老年人。贵阳的美食对游客的吸引力很大。

龙丛：美食的确有很大的吸引力。而贵阳的美食也的确花样繁多，数不胜数，小吃里的肠旺面、牛肉粉、丝娃娃、豆腐果、怪噜饭等，黔菜里的宫保鸡丁、酸汤鱼等，很多都是国内知名的。《舌尖上的中国》就对贵阳辣子鸡、肠旺面、丝娃娃、酸汤鱼进行了全方位的介绍。**一个典型的代表是“老干妈”辣椒酱，这个贵阳品牌现在蜚声海外，在一定意义上，它甚至向世界定义了中国辣椒的味道**。

这些年来，对贵阳的美食我们着力做了一些工作。一是保护、提升那些有质量的餐饮品牌。我们做了振兴商贸“百场千店万铺”建设攻坚行动，**将老字号培育、网红、潮品、特色等一并纳入政策范围进行支持**。出台了《“贵阳老字号”评选和管理办法》，实施“老字号”工程，对符合中华老字号申报条件的，提前三年进行孵化培育。同时对老字号以及新派黔菜餐饮从人才供给、科技创新、品牌营销、跨界合作等方面予以赋能和指导。目前，贵阳已有“中华老字号”2个、“贵州老字号”51个、“贵阳老字号”68个。

二是不断推动夜间经济发展。南方城市往往夜间经济都比较发达，而贵阳这样一个十分休闲的城市就更是如此，很多美食街营业到很晚，甚至有“社会牛肉粉”这样只在夜间营业的店。这些年，我们不仅规范、提升像陕西路、文昌北路这样的传统美食街，而且创新打造像青云市集、曹状元街、南横街和下护国路这样的新夜间经济街区，**以美食为核，形成夜食、夜游、夜购、夜娱、夜读、夜健等消费场景和模式的聚集**。这可以让游客体会到属于贵阳的“烟火味”。

高炽海：贵阳近些年来变“潮”了。有两个事例是很好的佐证。一个是咖啡。前些天看见一家媒体报道，说贵阳的咖啡馆数量不是全国最多的，但密度可能是全国第一，就是每万人拥有的咖啡馆数量最多。今年三联生活周刊还出了一篇文章——《藏在小吃摊的贵阳咖啡，专业又治愈》。

另一个是“包整”。这是一家集合贵州小吃的餐厅，但有趣的是，它同时挂了另一个牌子：贵州小吃研究中心。我后来明白它并不是一家研究机构，而是采用了一种品牌潮流化的方式。

这已经和以前国人印象中的贵阳很不一样了，已经不是那个“天无三日晴、地无三里平、人无三分银”的贵阳老印象了。

龙从：现在的贵阳的确是一座潮流城市，这一方面是因为时代变了，另一方面是因为贵阳人民更富裕了，所以可以追求更文艺更潮流的生活了。

比如，前面提到的太平路，已经成为**一条集聚潮流元素的“胶囊集市”**，一辆辆各具特色的迷你餐车，有故事的咖啡，散发着文艺气质的小店，都是游客前来体验的理由。青云市集的“发呆走廊”、“后备箱集市”、主题文创店等也潮趣十足。还有重新打造后的曹状元街、南横街和下护国路则不仅有烟火气，还兼具文化味和时尚范。

贵阳还有一个新生事物叫**“路边音乐会”**，是贵阳群众文化活动的新阵地、新名片。原是由音乐爱好者自发组织的路边音乐会，零门票，零商业，零距离，受到群众热烈欢迎，吸引了全国著名歌唱家张英席、常思思、乌兰图雅、张凯丽、曾小燕等“空降”现场，市民和游客只要想唱、爱唱，都能与歌唱家一起一展歌喉。在国庆节、重阳节等节假日，在贵阳市的文昌阁、甲秀楼、花溪黄金大道等地大放异彩，吸引了大量市民和游客观看打卡。10月2日至4日，在文昌阁举办的路边音乐会连续举办三场，累计近7000人次现场观看、近2200万人次通过网络直播观看。现如今，路边音乐会已成为贵阳的“超级IP”，成为外地游客看贵阳的一张亮丽名片。

高烔海：我看到了关于路边音乐会的一些报道和视频，很有意思。**贵阳现在变潮了，很大程度上说明这座城市青年人有活力，“青年经济”往往都是时尚的、现代的。**

另外，贵阳的历史是不缺文化的，从甲秀楼、文昌阁、阳明祠、达德学校这些建筑就可以看出贵阳曾经是中国西南地区的重要文化中心。如果政府做好文化的公共服务，文化对于市民生活的提升和游客的吸引力就会上升。

龙丛：我们希望实现市民在“家门口”就能享受优质公共文化服务的状态，出门步行不到 15 分钟，能够有书读、有讲座、有文化活动，这已成为越来越多贵阳市民的生活日常。从路边音乐会大家就能够看出贵阳市政府强调的**“初心”：坚持群众性、开放性、公益性，坚持文化人民办、文化到人民中去，让市民和游客免费享受公共文化资源，感受到我们贵阳的“人情味”**。

还有阳明文化。五百多年前，王阳明于贵阳悟道、传道、始论知行合一，这是中华民族宝贵的精神财富。近年来，贵阳构建孔学堂、阳明洞、阳明祠“三足鼎筑”，建设阳明文化数字博物馆，还推出了一条阳明心学精品旅游线路。另外，贵州京剧院副院长、国家一级演员冯冠博领衔主演的《阳明悟道》获得第 31 届中国戏剧梅花奖。用京剧表达贵州故事，这是贵州文化的一次成功输出，体现了贵阳的“文化味”。

在市级图书馆的建设中，贵阳市少年儿童图书

甲秀楼（陈伟红 摄）

馆作为贵州省第一家对外开放的少儿图书馆，建设规模居全国少儿图书馆前列，先后荣获省“全民阅读示范点”、贵阳市中小学课外教育基地等称号，是贵阳市建设公共文化服务体系示范区的重要成果。

贵阳市图书馆做了一件很有意思的事情。在提供图书借阅服务之外，他们积极开展阅读推广活动，推出了**“云读山水·走读贵阳”系列活动，用“边走边读”的旅行和阅读新方式，将城市、景点、街道的历史、文化和民俗等串联起来**，自2020年举办以来，已成功举办31场，线上线下参与人次达280万。

高炽海：我现在大概能够理解贵阳是如何在没有世界级景区为依托的情况下，成功发展出避暑度假产业的。这里有您前面提到的“清凉经济”“美食经济”“街区经济”“青年经济”这些支撑，可能更重要的是，贵阳全体市民和政府，珍视贵阳那些最宝贵的东西，比如公园中的城市、闲适生活的烟火气、老街巷、贵阳味道等。还有，并不停留在过去，不断地奉献出新时代的生活方式。

人一定要是他自己，城市更应如此。

最后问一个问题：就避暑度假这个发展方向而言，您认为现在还有哪些短板？未来要重点解决哪些问题？

龙丛：还是要坚持做好爽身、爽心、爽眼、爽口、爽购、爽游“六爽”文章，**坚持提升“爽爽贵阳”的文化味、烟火味、人情味，坚持在“城市+避暑+美食+夜生活+山地”等方面综合发力**。

其实现在不足之处还有很多。比如在住宿业态上，高品质的度假型酒店、度假型民宿还不够多。比如随着房地产业进入一个新阶段，原来在地产经济模式下形成的一些无效资产需要活化处理。比如旅游新产品新业态还不够丰富。比如城市建设、公共服务还需要更加精细化。总之，离市民和游客对贵阳的期许还有距离。

我们现在的很多工作与对短板的这些认识有密切关系。下一步，贵阳市将按照“擦亮一个‘爽爽贵阳’品牌、做大‘游客和市场’两个主体、狠抓‘资源、客源、服务’三个要素、突出‘市场化、项目化、专业化、国际化’四个重点”的工作思路，全力打造具有国际影响力的旅游名城。在此框架下，结合避暑产业发展，目前贵阳市在努力打造一批布局合理、特色鲜明、业态丰富的市级避暑旅居示范点和示范带，想通过以点带面，逐步搭建差异化、多样化、多层次旅游产品体系，形成避暑旅居各美其美、美美与共的新局面。这项工作是我们继续努力建设“爽爽贵阳、避暑旅居”的一个例子。

青岩古镇（陈伟红 摄）

我们坚信一点，方向对了，理念对了，一步步地走，总是会离理想的终点越来越近。

高炽海：谢谢龙副市长对贵阳避暑度假产业系统而坦诚的介绍。作为一个贵阳人，每次回来，的确都能感受到一些令人欣喜的变化。特别是近些年，这种欣喜集中在似乎贵阳更珍惜自己那些独具的城市价值了，无论是青石板的老街巷，还是新城区的融于自然，或者一碗深夜的米粉、一场历史遗产旁的路边音乐会。**每个城市都有自己独特的魅力，有自己独特的生活方式，或许这才是城市发展最重要的资源，也是一个城市旅游业的根。**

作者简介：

高炽海，《中国旅游评论》联合主编。
龙丛，贵阳市人民政府副市长。

从"冰雪之城"到"四季度假"的哈尔滨

王洪新

你眼中的哈尔滨是什么样的？是"东方小巴黎"扑面而来的异域风情，是"万顷松江湿地"环城的夏日清凉，是"冰雪王国"的白雪皑皑、夜幕下的流光溢彩，还是"音乐之城"四季流淌的浪漫乐音……

伏尔加庄园

作为亚洲唯一一座联合国授予的“音乐之城”、国务院批复认定的“国家历史文化名城”，哈尔滨既有“绿水青山”，又有“冰天雪地”。多年来，哈尔滨充分利用历史与自然留下的宝贵财富，深入挖掘绿生态、冷冰雪和文之韵的最大价值与最美颜值，深耕文体旅融合发展，让绿生态和冷资源优势充分释放，实现了从“冰雪之城”到“四季度假”的全面升级。

一、有一种快乐，叫去哈尔滨赏冰嬉雪

哈尔滨成为全国冬季最旺的旅游目的地之一，得益于得天独厚的气候优势、独一无二的冰雪文化、完善成熟的旅游产品体系和厚积薄发的区位优势，以及可持续发展的良好态势。“绿水青山就是金山银山，冰天雪地也是金山银山”的“两山理论”，早已在这里落地生根。

2022—2023冰雪季，哈尔滨接待游客3320.4万人次，冰雪旅游总收入309.8亿元。哈尔滨连续6年荣获全国十佳冰雪旅游城市榜首，持续多年成为全国冬季最热旅游城市。

冰雪，是哈尔滨一张闪亮的名片。围绕打造“冰雪文化之都”，哈尔滨持续放大冷资源优势，让“冷资源”变为“热经济”。

冰雪观光　点燃城市旅游沸点

哈尔滨国际冰雪节位列世界四大冬令盛典之一，是哈尔滨人的盛大节日，也是闻名世界的冰雪盛会。1963年，哈尔滨成为中国冰灯艺术的发源地。61年来，创新发展传统冰灯艺术，开创现代冰雪文化先河，塑造出了“变极寒为极美、化冰雪为神奇”的城市冰雪精神。

作为中国冰雪旅游、冰雪运动的摇篮，哈尔滨“独家出品”的冰雪大世界、太阳岛雪博会、冰灯游园会等观光体验类冰雪旅游产品驰名中外。

每年冰雪节期间，世界最大的冰雪主题公园——哈尔滨冰雪大世界都会面世。取自冰封松花江面的巨大冰块，经能工巧匠之手，变身为精美绝伦的巨大冰雕、冰建筑。百座冰雪景观傲然挺立，新奇壮丽。白天，它们晶莹剔透；夜晚，它们美轮美奂，用“冰雪语言”描述着哈尔滨的城市特质和激情活力。五彩斑斓的“冰雪童话世界”，巨大的雪花摩天轮，欢乐刺激的超级大滑梯，丰富的冰雪娱乐项目，多彩的演出活动……以丰富业态点燃冬日冰雪狂欢。2023—2024冰雪季，这里将打造历届规模最大的哈尔滨冰雪大世界。值得一提的是，今冬，备受瞩目的哈尔滨冰雪大世界四季冰雪项目——梦幻冰雪馆·餐饮馆、游乐馆、冰雪馆、冰雪秀场也将正式开放迎客，实现融游、乐、吃、购、

第 24 届哈尔滨冰雪大世界

娱为一体的四季冰雪综合业态。

而世界最具规模的雪雕艺术群——哈尔滨太阳岛雪博会，每年冬天，一座座巧夺天工的雪雕作品让天南海北的游客赞叹不已。以艺术为载体，打造了以雪雕艺术为核心、以互动体验为创新的“雪冠生态圈”。赏雪雕、看萌宠、吃冰火锅……成了解锁哈尔滨冬天的快乐方式。这个冰雪季，这里将在核心区域内建设赛事及艺术雪雕 232 场，重点打造 7 个雪冠核心区。

从松花江上古老的渔灯到兆麟公园绚丽的冰雕，2023 年伊始，世界上举办历史最长、被列为非物质文化遗产的室外冰灯艺术展览——哈尔滨冰灯艺术游园会迎来了六十年华诞。通过冰雕雪塑、历史文化展，哈尔滨人半个世纪与冰灯相伴的美好记忆被“回放”。全国专业冰雕比赛、全国大学生冰雕艺术设计创作大赛、全国青年专业冰雕大赛等参赛作品，让每一位走进园中的游客都能切身感受到冰雪文化、冰雪雕刻技艺在这里的薪火相传。

哈尔滨是一座处处被冰雪艺术包围的城市。浪漫的中央大街、人流如织的哈尔滨火车站、城市进入通道之一的机场路，以及哈尔滨各大公园……入眼即是精美的城市冰景。火爆全网的“哈尔滨大雪人”，羡煞八方游客；松花江冰雪嘉年华里，欢乐嬉雪的笑声和尖叫声，响彻松花江畔；哈尔滨极地公园的“淘学企鹅”踩着小碎步，游走在各大冰雪景点，成为网络传播量突破十亿的哈尔滨城市旅游 IP。

冰雪运动　助力旅游嗨起来

冰雪也是有着深厚冰雪历史文化底蕴、群众基础与冰雪运动氛围的哈尔滨打造“冰雪文化之都”、发展冰雪运动得天独厚的资源。

在世界级滑雪胜地亚布力，随着 2023—2024 冰雪季拉开帷幕，1000 多名中外游客开启了欢乐驭雪的冰雪运动体验。作为滑雪运动者心中的圣地，亚布力曾承办过第三届亚洲冬季运动会、第 24 届世界大学生冬季运动会、单板世界杯等国际级赛事 25 次，国家级赛事 350 余次，是中国竞技滑雪运动的摇篮。同时作为大众滑雪的发祥地，亚布力先后被评为“国家级旅游度假区”“中国首批国家级滑雪旅游度假地”。滑雪旅游从这里走向全国，走进千家万户。

滑雪、泡温泉、看最北熊猫馆里的大熊猫……这个冰雪季，亚布力将以“相约亚冬会、多彩亚布力”为主题，打造节庆赛事活动矩阵，全方位开发适于各个年龄段的冰雪娱乐项目，让游客尽情体验冰雪运动的快乐。

哈尔滨亚布力旅游度假区

在哈尔滨热雪奇迹（哈尔滨融创雪世界），人们正在体验室内 −5℃恒温驭雪的快乐，这个“城市里的滑雪场”满足了人们随时随地去滑雪的冰雪运动愿望。与此同时，包括帽儿山高山滑雪场、哈尔滨名都滑雪场在内的冰城各大雪场，也都整装待发，广迎八方来客。

“三亿人上冰雪”为冰雪旅游奠定了基础。相比传统的冰雪运动，“冰雪初体验”成为大众旅游的热点。每年冬天，哈尔滨的各大公益冰场，各大景点的冰滑梯、雪滑梯，都成为人们冰雪运动的欢乐之地。雪地足球、冰球、速滑、冰上趣味项目，让青少年和游客们玩得热火朝天。

冰雪度假　借“势”而起

近年来，哈尔滨围绕打造全国一流生态休闲度假旅游目的地、全国冰雪旅游首选目的地和建设“冰雪文化之都”的目标，大力发展冰雪度假经济，带动吃、住、行、游、购、娱全链条发力，充分释放冰雪旅游消费潜力。

作为全国首家以极地主题表演秀为核心的文旅度假区，哈尔滨极地公园有五大沉浸式场馆、七大极地主题表演。世界首创极地白鲸水下表演海洋之心，上百次登上央视；培育出了世界首例克隆北极狼，原创了世界唯一北极熊酒店。今年冰雪季，哈尔滨极地公园将升级淘学企鹅打卡线路，举办最大规模的淘学企鹅冰雪大巡游，将哈尔滨极地公园广场打造成北欧风情的极地村。

哈尔滨极地公园世界首创极地白鲸水下表演“海洋之心”

坐落在哈尔滨近郊阿什河畔的伏尔加庄园，是以哈尔滨历史为依托、俄罗斯文化为主题的国家AAAA级文化旅游景区，中俄文化交流基地。30多座经典的俄式建筑形成了世界上独一无二的俄式建筑群，将城市历史与文脉、冰雪美景与经典建筑、环境保护与旅游发展完美地融合在了一起。“城堡越野滑雪”和“城堡雪圈”，是近年来备受游客喜爱的冰雪娱乐项目，创意设计了别致的雪道景观，穿行在俄式建筑群间堪称“一滑一景”。这里是人们冰雪度假、感受异域风情的好地方。经典的红菜汤，搭配俄式西餐，驱走冬日严寒；精彩的俄罗斯民族歌舞，或激情四射或柔情似水；商务宾馆、森林别墅、俄式乡村别墅，满足人们吃、住、游的一体需求。

哈尔滨世界欢乐城主打“城市微度假”，整体建筑风格浓缩欧洲各国建筑文化，城内打造9个旅游文化主题街区和11个异国风情广场，加上128栋欧式建筑，让游客实现不出国门、世界尽收眼底的全新体验。

为满足游客多元化的需求，2023—2024冰雪季，哈尔滨将以“约会哈尔滨·冰雪暖世界”为主题，推出“相约在冰城”“冰雪共欢歌”“龙年合家欢”“春雪迎春晖”四大活动篇章，并将举办冰雪节庆、冰雪文化、冰雪艺术、冰雪体育、冰雪经贸、冰雪时尚、群众冰雪七大活动板块100余项重点活动，以全新的时尚体验迎接国内外游客的到来。

二、源于雪，不止于雪

哈尔滨拥有深厚的冰雪历史文化底蕴、高品质的冰雪文化旅游产品、全民参与的群众冰雪运动氛围、对标世界一流的冰雪全链条产业布局，同时，冰雪基因已经渗透融入文学、艺术、音乐、建筑、环境、时尚、餐饮等人们日常生活的方方面面。

畅享音乐文化之美

中国第一场交响音乐会、第一支交响乐团、第一所音乐学校、第一所芭蕾舞学校、第一家电影院都诞生在这座中西合璧的城市。深厚的文化与艺术底蕴，让哈尔滨这座城市焕发着别样的特色与风采，同时也为文旅深度融合发展提供了强有力的文化支撑。

2010年6月22日，在巴塞罗那，联合国副秘书长沙祖康亲手将“音乐之城”授予哈尔滨，哈尔滨成为亚洲唯一获此殊荣的城市。

近年来，国际一流水准的百年哈尔滨交响乐团、年轻富有活力的哈尔滨芭蕾舞团、成为中俄音乐教育“桥头堡”的哈尔滨音乐学院不断发展，以及哈尔滨音乐厅、哈尔滨大剧院、老会堂音乐厅、哈尔滨音乐博物馆、群力音乐主题公园等诸多音乐文化场馆的建设与修复，为音乐文化的做大做强提供了软硬件的全面支撑，也使得来到哈尔滨的游客度假体验感更加丰富。

2023年8月6日，以“相约音乐之城　唱响复兴未来”为主题的第36届哈尔滨之夏音乐会盛大开幕。本届“哈夏”音乐会上，举办了第十五届全国声乐展演、全国优秀交响乐作品展演、全国专业音乐学院教学成果展示、2023哈尔滨国际音乐文化产业博览会等活动，七大板块3000余场演出，实现了国家级水准、国际化特色、群众性参与，让哈尔滨“满城欢歌”。

2023年9月，哈尔滨举办了首届国际音乐文化产业博览会，以“共创音乐产业新平台，共享美好生活新机遇”为主题，汇聚国内外音乐文化名企、名牌、名人、名师，全力打造国际音乐文化全产业链贸易平台和东北亚音乐文化交流合作平台。首届音博会品牌是哈尔滨做强音乐产业、做深音乐与旅游融合的新创举。

老会堂音乐厅

寻访文博建筑之美

读懂一座城，从博物馆开始。作为新中国第一座解放的大城市，红色是哈尔滨城市文化中不变的底色。哈尔滨党史纪念馆、哈尔滨中共满洲省委机关旧址纪念馆、哈尔滨中苏友好协会旧址纪念馆等展馆以红色文化为载体，用各类丰富多彩的活动吸引广大游客走进展馆，深入了解哈尔滨的城市历史文化，感受红色文化的精神洗礼。第四野战军纪念馆、哈尔滨三五将军文化博物馆、革命领袖视察黑龙江纪念馆、东北抗联博物馆、东北烈士纪念馆、萧红故居纪念馆等一批为满足游客旅行需求而精心设计的红色旅游精品线路，进一步丰富了哈尔滨的旅游产品供给。

此外，包括哈尔滨文物馆、哈尔滨城市历史展馆、中东铁路印象馆等13个展馆在内，遍布城市各个角落的哈尔滨市博物馆群，以及2023年新建成的郑律成纪念馆、哈尔滨冰雪博物馆等展馆，用不同的主题与特色吸引着广大游客。2023年“五一”小长假，4万余名游客到博物馆参观；国庆中秋“双节”期间，7万余人到博物馆参观，10月1日至3日单日游客均破万。博物馆变身“新晋网红”，成为广大游客感受城市文化、增强文化自信的文旅融合新典范。

哈尔滨的特色建筑也不能错过！徜徉在哈尔滨的老街古巷，触摸历史肌肤，感悟岁月变迁，品味多种建筑艺术之美。哈尔滨的城市风貌不仅以俄罗斯式、新艺术运动、折中主义、古典主义的建筑为基调，还有与这些历史古建相辅相成的经典记忆。

哈尔滨中央大街、索菲亚教堂、防洪纪念塔、哈尔滨音乐厅、松花江铁路桥、中华巴洛克历史文化街区……仿佛一座城就是一个大大的建筑博物馆。保护并推广城市独有的历史建筑资源，是哈尔滨旅游发展的一大工作。

哈尔滨索菲亚教堂

感受人文风貌之美

“一方水土养一方人”，一句话道出了美食和地域文化之间的联系。不同的地理、历史和人文环境，孕育出各有特色的饮食文化，而美食正是哈尔滨这座城市开放包容的缩影。

来到哈尔滨，第一道令人心动的美食，莫过于那香气扑鼻的锅包肉，它不仅是哈尔滨的特色美食，更代表着东北人热情好客的餐桌文化。俄式风格的红肠、大列巴，东北范的猪肉炖粉条、猪肉炖酸菜，独特的哈尔滨烧烤……美食在哈尔滨这座包容的城市里兼容并蓄。热情好客的哈尔滨人还会请你喝一杯正宗的哈尔滨啤酒，百年历史酝酿出了它醇香的味道。

哈尔滨中央大街

无论冬夏，哈尔滨的中央大街上都有一道特别的美食——马迭尔冰棍。淡黄的冰棍，香甜、清凉中伴着丝滑奶香，既是夏日消暑佳品，也是冬日里游客的拍照“伴侣”。

三、从“一季”到“四季”的度假生活

“冰城夏都”新引擎

如果说哈尔滨的美源于冰雪之美、音乐之美、

欧陆之美和人文之美，那么也经历了“冰城”到“冰城夏都”的转型和转身。

从2023年6月20日起，哈尔滨开展了夏季避暑旅游“百日行动”，进一步促进旅游产品全面升级，全力打造国内夏季避暑旅游首选目的地。同时，以“啤酒节”“哈马”等活动和赛事为主题，提升哈尔滨避暑旅游品牌影响力；以“哈夏”为平台，向世界展现“音乐之城”的深厚音乐文化底蕴。据大数据测算，6—8月，哈尔滨市共接待游客3158.1万人次，占全省57.5%；实现旅游总收入319.3亿元，相当于全省68.7%。暑期旅游热度高于2019年同期。

推出10大网红打卡地，7条保姆级游玩攻略，魅力湿地一日游、生态避暑·醉氧一日游、周末乡村休闲一日游、时尚休闲度假游等精品项目，丁香十大绝佳观赏地、“冰城十峰”全民健身登山等活动。举办第二十一届中国·哈尔滨国际啤酒节、首届冰城“夏日烧烤节”、龙江“一地一品”地域性特色美食节、中国（哈尔滨）国际西餐文化节等。同时，推出“千”场文旅盛事、“万”种龙江好物，进一步扩大对外合作交往，以非遗展示为牵引提升文化影响力，抓好夏季避暑旅游宣推，做强文旅品牌等，哈尔滨的夏季旅游取得了丰硕成果。

“四季繁荣”新格局

近年来，哈尔滨围绕打造全国一流生态休闲度假旅游目的地、全国冰雪旅游首选目的地和建设“冰雪文化之都”的目标，形成了以冰雪、避暑和欧陆风情为拳头产品的“冰城夏都”两轮驱动、四季繁荣的全域旅游发展格局。春赏花、夏避暑、秋登山、冬戏雪，如今的哈尔滨，四季旅游皆精彩！这些都离不开多层次的文旅推介与合作、强化保障打造安全有序的文旅市场。

2023年1月由哈尔滨文旅局策划推出的《2023旅行清单——向哈尔滨出发！》专题，引燃新年冰雪旅游热点，中央广播电视总台5次多角度报道将冰雪王国与狂欢盛宴分享给全国观众。

2022—2023冰雪季，为助力哈尔滨旅游市场加速回暖、便捷春运游客出行，哈尔滨市文广旅游局联合黑龙江机场集团、携程机票平台、同程旅行平台推出“哈尔滨喊你畅游冰雪王国”和“畅游冰雪哈尔滨”两场专场直播，共吸引了340万粉丝的关注。积极开展明星和网红打卡话题营销，发布《跟着综艺去旅行：寻找「明星打卡」的哈尔滨》推文，策划推动造型时尚、充满童趣和创意的哈尔滨八大网红雪人持续火“出圈”，吸引众多游客和市民争相打卡。

2023夏季旅游“百日行动”期间，在全市开展旅游市场秩序专项整治行动，重点整治“黑旅行社”、“黑导游”、“不合理低价游”、丢客甩团等违法违规行为，为暑期旅游市场保驾护航。

2023年10月25日，包括哈尔滨冰雪大世界、太阳岛雪博会、哈尔滨极地公园、伏尔加庄园、东北虎林园等哈尔滨冰雪景区在内，黑龙江省冰雪旅游发展促进会（冰雪之冠旅游联盟）推介会从武汉开启，奔赴长沙、重庆、昆明、广州、杭州、北京等10座城市，行程上万千米，推介黑龙江冰雪旅游度假核心品牌，让黑龙江的冰雪“冷资源”在全国散发出“热效应”。

“十三五”期间，哈尔滨接待游客4.06亿人次，旅游收入6271.3亿元，年均分别增长10.1%和14.8%，连续5年民航客运吞吐量居东北四大机场首位，成功入选首批国家文化和旅游消费试点城市。2023年前三季度，哈尔滨市共接待国内外游客8133.4万人次，同比增长85.2%，占全省60.03%；旅游收入819.9亿元，同比增长102.8%，相当于黑龙江省的73.8%。哈尔滨太平国际机场继续位居东北四大机场首位，其中，6月1日到8月15日，机场吞吐量476.4万人次，同比增长54.3%……从“一季独秀”到“两季繁荣、四季发展”，哈尔滨用数据说话，凸显“冰雪之城”到“四季度假”的良好发展态势。

哈尔滨东北虎林园

结语

哈尔滨，一个拥有诸多闪亮城市IP的度假城市，凭借着全体市民多年的共同努力，如今呈现出多元化的美、融合式的美、包容性的美、发展中的美，如一颗历经鬼斧神工雕琢而新生的钻石，每一面都闪耀着璀璨的光辉，待你进来解锁它、读懂它！魅力哈尔滨，等你！

作者简介：

王洪新，哈尔滨市文化广电和旅游局党组书记、局长。

融入自然

——高炽海对话宿集夏雨清

对话日期：2023 年 11 月 15 日
对 话 人：高炽海
夏雨清

高炽海：作为宿集的创始人，您是怎么定义宿集的？

夏雨清：宿集是我们 2016 年左右的一个设想。当时是看到了民宿可能有一个跨越式的发展趋势，但是它都集中在某些大家认为很保险的区域，就像莫干山，客流量好，大家都愿意去那里。我当年在浙江卫视拍纪录片的时候，去了很多地方，这些地方风景很好，远超莫干山，但是什么都没有，连县城里都没有像样的酒店。我们就想，这么好的地方，为什么不把民宿带到那里去呢？但是作为一家单店的民宿来说，去那么遥远的地方，很难，什么都不方便，而且单店民宿跟地方政府也没有太多的诸如讨价还价的能力。所以我们当时想就结伴去做吧。

莫干山是自然形成的民宿集群，我们是不是可以用人为的方式也做成一个集群，既降低大家的风险，还能提升当地的竞争力。

“宿集”就是民宿的集群嘛。

像黄河宿集，一开始是5家民宿，这样我们所有人的风险都降低了。然后对当地来说，一下子进来那么多头部的品牌，带动也很大。

所以我们最初的出发点很简单，就是想抱团出去，凭空去建设一个旅行度假目的地。2017年，我们同时推进了几个宿集项目。一个黄河宿集在宁夏中卫，一个在陕西秦岭，另外一个在四川彭州。但是到了最终，彭州的项目消失了，秦岭的项目因为秦岭别墅事件延期了，只有黄河宿集在2019年初开业了。

高炽海：那“宿集”这两个字，这个名词，是你们发明的吗？

夏雨清：不能说是发明，是我生造出来的。因为这种业态就是“民宿集群”，但这是四个字，很难叫。当时在取名字的时候，我从中选了两个词——“宿集”和“集宿”。内部投票的时候，“集宿”这个名字占了上风，大多数人觉得“集宿”好。

“集宿”的重点是在“宿”，而我们要做的事，**民宿是一个基础，“集”才是我们的亮点。我们不仅要把民宿聚在一起，还要引入融合的业态，去到乡村里面，形成一个目的地，“集”才是重点**。所以我最终拍板，说我们叫“宿集”。

这个我们生造出来的词，现在已经成为工商注册时的一个行业类别了。

高炽海：那“宿集”这个品牌的商标是你们注册的吧？

夏雨清：我们没有商标。我们当时商标的概念不强，被一个合作伙伴抢先注册了。也没关系，因为“宿集”现在不只是一个商标了，已经成为工商注册时的一个行业了。所以反而是你叫什么宿集，前面那两个字很重要。“黄河宿集”因为“黄河”两个字不能注册，但“秦岭宿集”“草原宿集”我们都注册了。

高炽海：你们2019年开了黄河宿集，后面又陆续开了哪些宿集？

夏雨清： 2019年2月1日，黄河宿集试营业。2020年8月重庆的巴谷宿集开业。2021年6月18日，秦岭宿集开业。本来2022年草原宿集要开业的，因为疫情而停滞了，到了今年8月才开业。目前在我们的序列里面开出来的就这4个宿集，但现在市场上叫宿集的很多了。

高炽海： 这几个宿集的经营情况大概怎么样呢？

夏雨清： 我们就以黄河宿集为例来看，因为开业早，现在已经将近5年了，已经走过了一个周期，所以最有代表性。

黄河宿集从最初的5家民宿到现在的10家民宿、一个帐篷营地，总共108间客房的体量，有6家餐厅、两家咖啡馆、一家书店、一个美术馆、两个面包房，还有一条小小的做市集的巷子、农场和牧场，还有旅行线路，已经形成了一个旅行度假目的地完整的商业业态。

黄河宿集飞茑集民宿

2019年开业的第一年，我们是60%多的全年入住率。已经非常高了，因为全国民宿的平均入住率是30%，何况是在这么偏僻的西北。2020年疫情发生，但也是我们入住率最高的一年，达到了75%。因为疫情把大量的高端客群滞留在了国内消费。以前我们每年有1亿人次的人去往国外，这些人是宿集真正的消费客群。很少有旅行社来订民宿，但是黄河宿集恰恰相反，高级定制旅行社占了我们黄河宿集25%的比重。这些高定旅行社以前主要做国外生意。

2021年也基本上不受疫情影响，有70%多的入住率。最受影响的是2022年，当年黄河宿集只开了不到60天。今年相对来说整个市场在下行，但我们7月、8月两个月都是满房的，6月的入住率大概是80%多。所以只要产品好，市场是一点问题都没有的。

今年开业的草原宿集有100多间房，7月、8月的入住率都超过80%，而且单价高，3000多元起。黄河宿集的年均价在2200元左右，秦岭宿集是2000元左右。这几个宿集入住率都很高，远远高于市场平均入住率，一般是两倍，而均价可能是两三倍。

高炽海：这么高的单价还有这么好的入住率，主要的原因除了高净值的客群因为疫情出不去，反而导致了国内高端游有了一个出口外，您觉得你们自身做对了哪些事情，正好满足了客群的要求？

夏雨清：我们做的最大的一件事情，就是重新定义了野奢。以前我们知道国外才有野奢，中国此前的民宿都是城市周边的民宿，莫干山是城市周边的，大理丽江是传统旅游目的地。真正在荒野当中，黄河宿集是第一家。在一个荒凉的地方，我们创造了国外才有的那种体验，所以我们重新定义了野奢，也是野奢在中国的一个模板。

高炽海：“野奢”这个词的确不是中国人创造的，所以在国内怎么去实现它，本身就是一个挑战。在我的印象中，大概10年前国内的旅游界就开始有人说这个词了，但是我同意您讲的，谁真的把野奢这件事情做好了，一直是个问号。

首先是选址问题。您刚刚说“要在荒野之中”，你们的黄河宿集、草原宿集本身都很偏远，但是它们是风景绝美的地方，我还知道你们在做的沙漠宿集，就更极端一些。这种选址你们是有什么样的讲究？

夏雨清：宿集的选址主要有两个要求，除了荒野，另一个是有可能成为全国目的地。我们不讲全球的目的地，就讲全国的目的地。这要求**它的资源和周边的环境，在全国必须是稀缺的。**

像黄河宿集，可能有人觉得它的稀缺性不是很明显，但是我以前的分享里也讲过，当一个村庄把沙漠、戈壁、黄河、长城、绿洲、古村这六样集在一起的时候，这个村子就非常稀缺。黄河和长城，是中国最有代表性的东西。宁夏，被称为中国的盆景，那黄河宿集所在的大湾村，就是盆景中的盆景。在最初大家都不看好的时候，我知道这个项目肯定会很火爆，因为没有一个产品可以和它对标。

草原宿集就更不用说，我们每个人都有一个梦想：有一匹白马，拥有一片草原，白马奔驰在那个想象的空间尽头。

这样的选址使得我们只要把内容装好，一定是全国性的目的地。

草原宿集飞茑集民宿

高炽海：但是这样的选址，风景绝美、地处偏远，往往都会面临一个问题，就是交通不便。比如草原宿集，离北京 1000 多千米，开车一天开不到。坐飞机，要么飞阿尔山，要么飞乌兰浩特，下了飞机还有两个多小时。你们在选址的时候，没有担心过这种进入性的困难？

夏雨清：这个我们倒从来没有担心过。以秦岭宿集为例，我第一次去秦岭的时候是 2017 年的秋天，飞机飞到西安咸阳机场，政府来接我到陕西汉中市留坝县，这是秦岭深处的一个小县城。开了 6 个半小时的车，要翻越秦岭。那个时候没有到汉中的飞机，没有高铁，甚至没有到留坝的高速公路。但是我知道这些都不是难题，因为按中国的基建速度，这些都会解决，我只知道前面要坚守一两年。但是实际上我们也没有坚守，因为那个项目耽搁了 3 年之后才重新启动，2021 年才开业，而那时那些问题都已经解决了，汉中有机场了，高速也穿过留坝境内了。现在西安过去 3 个多小时，非常方便。

我觉得只要有飞机可以抵达，飞机下来之后在两三个小时车程内的，都是很方便的。我们去国外探究那些极致的景色，也要很周折的。关键要风景极致。大城市里的人会特别需要一个完全心灵放空的地方，一年总要去一两次遥远的远方、诗意的远方，那些梦境中才会出现的极致风景的地方，现在通过宿集来帮大家实现。

以前我们说宿集选址偏，只有偏才有稀缺的资源，现在我们说更偏，我们要发现更极致的地方。所以我们现在选择的几个项目，南海中的一个岛屿，西藏林芝，敦煌直面阳关的地方，接下来可能还会去新疆，这些地方就更偏远了。

高炽海： 我觉得敢于选在交通不太便利的地方，其实需要有两个信心：**一个是对极致风景吸引力的信心，一个是对自己产品本身有足够的市场竞争力的信心。这两个信心对交通不便能够形成替代性**，否则的话就一定是失败的项目。

我先问句题外话，黄河宿集和草原宿集现在都进来了不止一个品牌，这两个宿集所有的投资都是由你们来完成的吗？

夏雨清： 黄河宿集是华正文旅投到硬装和土建为止，各个品牌进来继续它们的内装，或者继续硬装加内装，各自不一样。草原宿集是政府投资项目，我们是拎包入驻去运营。

高炽海： 那草原宿集相当于 EPCO（工程总承包）吧，整个 EPC 过程也是由你们来完成的吗？

秦岭宿集空山书房“王维的寂寞”

夏雨清： 对的。草原宿集的 EPC 主要是华正文旅操盘，每家民宿都自己找了建筑设计师设计出符合自己腔调的产品。我们更多地从市场推广方面对整个项目进行梳理。

高炽海： 风景绝美之处往往都需要有好的设计，比如黄河宿集，虽然每一家都有各自的建筑形式，不完全一样，但是总体是控制在一种西北小院的风格，这就存在两个问题：你们为什么选这样的建筑形式，以及怎么来进行设计控制？

夏雨清：我们去大湾村的时候，它实际上已经没有房子了，但是去看南长滩北长滩，黄河边的这些西夏遗存的古村落，它们的形制跟我们现在的建筑风格是一模一样的。**我们只是用这种融入当地风貌的建筑来致敬**，就好像这个村子几百年来一直在那里一样。

当你来到这个地方，你肯定不想在这个地方看到奇形怪状的现代建筑，你希望看到的是被梳理过的西北小院，而住在里面很舒适。

我们对传统又做了拆解，不是以前的房子怎么样现在就怎么样，诸如保温等都要符合现代建筑规范。还要融入时代的审美，从美学的角度去提升。

很多人说“这是中国版的摩洛哥小镇”，确实有些像。但是这恰恰又是非常在地的建筑形态，它既是在地的，又是国际的。

首先要尊重当地原生态的村落形态，然后还要融入度假的元素。你到黄河宿集会看到每家民宿外观都差不多，但是进入内部又完全不一样，西坡有西坡的风格，元白有元白的风格，南岸有南岸的风格，大乐之野又是另外一种风格。这恰恰也满足了很多人的好奇心。所以为什么黄河宿集50%多的客人要住四天三晚的，因为他们有足够的时间和理由留在这里。

高炽海：其实**建筑设计不仅反映了一种美学观念，它背后实际上是自己怎么去认知这个社会**。比如做野奢，可以做很现代派的建筑，甚至是观念建筑，可以做一些工业范的建筑，也可以是有科技水准的帐篷，这些单纯从美这一点看都是很好的东西。但是你们选择要融入当地既有的美学传统元素中去，这是出于一种什么样的考虑呢？你们觉得这是必须坚持的一点吗？

夏雨清：我们一直坚持这样。非常地域的那也可能是非常国际的。

每个地方的建筑都有历史的传承，我不希望用一种很现代的建筑去完全打断它。因为现代的建筑在什么地方都可以放，但是我们不希望放在这里。

我跟建筑设计师一直讲：“你设计的建筑，如果只有放在这里是合适的，放在别的地方都不合适，才是最好的成功。”如果你设计的建筑放在任何地方都可以，就是放在哪里都显得不伦不类。

可能在建筑上有很多的创新，但这不是我们想要的。**我们**

要做的不是建筑，而是一个度假产品，我们要让度假的客人沉浸在合适的环境中。

高炽海：我理解这种沉浸的环境，除了自然，当地的建筑代表了当地传统生活方式的一种遗存。这就形成了我不仅是在黄河边待着，不仅是在草原上坐着，**而且是跟这个地方千年的生活待在一起的**。这种吸引力可能就深入骨髓了。

我们沿着这个再讲重新定义野奢这件事。我知道黄河宿集里面有书店，有咖啡馆。

黄河宿集空山九帖书店

夏雨清：有书店，有咖啡馆，有个“空山九帖”，就是一家专门的咖啡馆加书店。大乐之野里面也有家咖啡馆，西坡里面有面包房，还有一家美术馆。

高炽海：你们放了很多的文化型商业，或者说有调性的商业，为什么这么考虑？很多偏远的度假地往往有好的餐厅就可以了。

夏雨清：我们的客人都来自大城市，长三角地区客源占了 50% 多，广东地区的占了百分之十几，北京的占了 10% 左右，这三个加起来已经接近 80% 了。大城市里来的人除了餐饮以外，咖啡是刚需，50% 的人可能每天都要来一杯咖啡，而且对咖啡也不会将就，他们希望有专业一点的咖啡馆。所以像“空山九帖”这样的就是尽量去做专业的咖啡。

咖啡肯定是刚需，面包不一定是刚需，但是很多人喜欢。比如西坡有面包房，我们所有的民宿都从它那里采购，客人们可能有面包的需求，不用每一家民宿都去做面包了。

在城市里面，比如你在北京我在杭州，我们既需要去书店又需要去咖啡馆，还有面包房、餐厅。我们到这个地方来度假，在黄河宿集这一个小小的村子里面集齐了所有这些业态，这就有了城市的便利性。客人在这里不会单调，要喝咖啡可以，有精神追求要去翻翻书、买本书也可以，下午茶也有，我们一站式地解决了客人在宿集停留的闲暇时间。

度假事实上就是消磨时光，那消磨时光就不能只是坐在那里，看着黄河和沙漠，也可以坐下来慢慢地品着一杯咖啡，翻翻书。

浪费光阴也是一个身心的放松，**我们一定要有让客人能够放松下来的业态**。这些业态在我们宿集里面是刚需，是必配的。

餐厅肯定是要的，因为人必须吃饭，我们的餐厅尽量提供多样的选择。黄河宿集现在有 6 家餐厅。去马尔代夫度假，一个酒店可能只有几十间房，加上酒吧也有七八家餐厅，就是为了让客人多待三五天，让饮食每天不重样，否则客人是待不住的。我们的宿集，“宿”是基础，“集”才是重点。这些就是“集”的部分。

高炽海：我觉得之所以叫野奢，并不是通常所说的“奢侈品”那些昂贵的东西，反而是在城市里能够享受到的有品质的生活，在一个乡野之地完整地去实现，让人们所需要的日常生活方式能够在风景之地得到实现。这就是一种比较奢侈的东西了。

恰恰是人们习惯的城市品质生活能够在荒野得到实现，需要花更大的成本。而且，这个成本主要还不是钱。

夏雨清：野奢一定不是金碧辉煌、挥金如土，它是在一个不可能的地方，让你突然喝到了一杯咖啡，这就是野奢。一杯咖啡并不贵，**但在不可能的地方体验到日常城市生活的便捷，荒野里面有这些东西就是野奢**。

我们以前有个旅行产品是去看大麦地岩画，它是上万年前的先民留下的岩画，客人看得累了，转身想回去，结果发现我们的管家已经搭好帐篷、煮好咖啡了。然后他就坐在那里休息，看着面前的岩画，那就是极端的野奢。

高炽海：你们的投资回报率怎样？

夏雨清：以黄河宿集为例吧。尽管这是个案，并没有代表性，可能以后也不会有复制的可能性。

黄河宿集分两种情况，一种是引进来的民宿品牌，由于他们只投了装修，第一批进来的基本是一年半收回投资。另一种是投了硬件的业主，他们要收回投资，没有那么快。但是因为资产是他们的，资产升值很快。

这样一个项目，就文旅来说，已经是天花板了。黄河宿集的投资回报是每个人都眼红的，我们自己都眼红，因为我们可能再没有任何一个项目能复制这样的辉煌。

高炽海：那你们还要把宿集开下去吗？或者说宿集这种形式，这么发展下去，您觉得会很有生命力吗？

夏雨清：很多人让我预测一下民宿以后会怎样，会不会消失，我不知道，因为没有发生的事情我很难去评判。但这种业态、这种生活方式，肯定是有生命力的。

我们来对比看看民宿在国外是什么样的。在国外，民宿可能就是乡村小酒店，国外的乡村小酒店发展了多少年？欧洲发展乡村旅游，从20世纪六七十年代开始，到现在有50多年了。日本的温泉旅馆就像我们的民宿，小而美，历史上千年的都有，几百年的不少，像星野集团的虹夕诺雅就107年了，它肯定是迭代的。从以前的温泉旅馆迭代到现在的高奢度假酒店，一万多元一晚，说明它现在依然有很好的营利能力。只要不停地迭代，是有生命力的。

度假毕竟是一种生活的需求，当到达一定阶段，人就要度假。在二三十年前，中国哪儿来的度假，大家都是走马观花地去看景区，拍照片。现在这种走马观花的大巴游越来越少，小众游越来越多。既然欧洲、日本都能发展这么多年，我们为什么不能呢？

只是不能一个产品多少年都一个样。我去富士山下面住过一家温泉旅馆，是日本天皇当皇太子的时候经常去的，但那家旅馆也停留在那个年代，所有的设施设备都停留在那个年代，现在是门可罗雀了。当然对店主来说，他可能就是想保留那种感觉，但是已经跟现代人不太搭了。当年泡温泉的客群现在变老了，当下的年轻人不会再去泡那种温泉了。

所以我觉得宿集这种业态肯定是会存在的，但是不一定你这家宿集会存在。因为当你一旦跟不上，可能就被抛弃了。

高炽海：《中国旅游评论》每一辑都会选择当下中国旅游行业最重要的主题或议题，这一辑讲国民度假，是因为我们有一个判断，接下来这个

草原飞茑集客房风光

时代，几乎可以说是一个度假的时代。旅游产业最大的发展空间在度假。您觉得中国人，或者说中国式的度假跟国外的比如说西方式的度假相比，是不是不同呢？

夏雨清：确实是明显不同。我们现在对度假的思路是：有什么好玩的？对周边有什么好玩的东西更追求更在意。很多人会问我，到底这个宿集有什么好玩的？当然我们宿集也是好玩的，像草原宿集，可以骑马，我们有专业的教练教客人怎样在大草原里策马奔驰，让他们能够体验游牧风情。

在莫干山，我的民宿在2006年到2009年这段时间85%的客人是老外。他们要不就去爬山徒步，要不就在院子里，一个礼拜不带手机，就坐在院子里看书。他们真的就是在消磨时光。

我们现在还是有很多人在意这地方有什么好吃的，有什么好玩的，度假像另一种观光。但是国外游客到了目的地，他可能不离开那个度假地，就是不离开黄河宿集，或不离开莫干山的那家民宿太远。**我们的目的性诉求是在外面，还没有静下来，还没有那种松弛感，还是在奔波**。当然，我们现在慢慢地也在往那种宁静的度假发展。

高炽海：很多人都有这种感觉，中国人的度假好像至少在今天是具有**“观光式度假”的特点**。我也无法判断，它是阶段性的特点，还是中国文化性的特点。所谓中国文化性的特点可能就很难改变，它会伴生很长时间。**所谓阶段性的特点，就是从忙碌社会逐渐转向一个闲暇社会，在过渡期的时候还没有完整过渡，是一个短时心理特征**。您怎么看？

夏雨清：过去十几年的时间，我见证了民宿发展的周期，见证了客户的迭代。最初是老外和有钱人为主，后来就变成了精英白领为主，再后来变成了家庭，现在变成了年轻人和家庭。而且，它的模式、生活方式也在变。越来越多年轻人已经不太追求以前那种一定要有什么好玩的，不用把自己的一天安排那么满，会有松弛感。我觉得现在是越来越有松弛感。

高炽海：如果您这种观察准确，那“观光式度假”就是一个阶段性的特点。中国人可能会用十年的时间，慢慢变成特别有松弛感的行为占主体。这需要时间。

高炽海：最后问一个问题，在宿集的发展过程中，您或者你们这群人，最珍视的理念是什么？

夏雨清：对我来说，是**“融入自然”**。既要让我们的产品我们的宿集融入自然，也希望让我们的客人融入自然。这是我一直追求的。

我们不做网红，不因为一时的流量去做网红，那没意义。因为我们在乡村开民宿，尽管黄河宿集可能营收很好，但是每个宿集的每个品牌大致只有十几间房，营收再好，收益也是有限的。去乡村往往不是有大盈利的，**那是一种我们追求的生活方式，我们希望把这种生活方式分享给更多的人**。

我们是**把它当作一种生活方式来做，而不是把它当作一种纯商业来做**。但是反过来，**当你不把它当作纯商业来做的时候，恰恰可能商业的回报是最高的**。一味追求商业回报，会失去那些本真的东西，客人会觉得太商业了。

“融入自然”，这就是我们的理念和生活方式，也是我们希望带给更多人的生活方式。我们是很渺小的，那么好的大自然，我们要融入它，而不是首先想着网红或者流量。

高炽海：当商业味特别浓的时候，别人是看得出来的，人们也会为这种特别浓的商业味去买单。而当你努力在做一种生活方式，当然这样你就需要更多的投入，就不是一个便宜的东西。但是，恰巧有人理解这种不便宜是有价值的，而这个过程会使得你在商业上反而得到认可。这样可能事情才能做长久。

中国的旅游业，甚至中国的商业，最大的一个问题就是大家都太想做网红，太想做流量了，太想做投入少、时间短但有很高回报的一些东西。

夏雨清： 所以我们希望能够坚持职业的操守。可以贵，但是要有理由，要明码标价，要有一个常年的价值体系。

民宿的价格看上去高，但是在旺季的时候，你会突然觉得它便宜得一塌糊涂。平时草原宿集客房卖 3000 元，旁边的农家乐卖 300 元，旺季时草原宿集的客房还是 3000 元，旁边的农家乐已经标 5000 多元了。**我们为什么要卖这么高？因为我们提供了一些东西，这是一种价值，或者说价值体系，不因为淡季降价，也不因为旺季涨价**。

高炽海： 实际上，这就涉及一种好的商业文化究竟是什么？

比如旺季景区的物价就特别高，这是不正常的，或者说，是不可持续的商业行为。在中国的其他商业领域也有类似的现象。**建立起一种商业文明，本身是一个过程**。这需要有很多像你们宿集这样的企业，阿那亚也做得不错。

夏雨清： 因为民宿的投入很大，运营周期长，像我们即使租赁的房子都要有 20 年的运营周期，如果自己买地的话要 40 年

草原宿集飞茑集民宿航拍图

巴谷宿集航拍图

的运营周期，它是一份非常长远的买卖。一时的小利根本不可持续，一旦把口碑做倒了，肯定被市场抛弃。

高炽海：能够把眼光放得长远，其实本来不是一件很难的事情。但是在中国逐渐建立商业文明的过程中，至少在今天，还不是一件很容易的事情。

夏雨清：因为不容易所以我们更想坚持，因为我们想要做的就是可持续的。

作者简介：

高炽海，《中国旅游评论》联合主编。
夏雨清，宿集营造社召集人、飞茑集品牌创始人。

三亚，一座有温度的国际滨海城市

三亚市旅游和文化广电体育局

北纬 18 度的暖冬，用温度接纳你的度假

天空蔚蓝，海水清澈，漫步在柔软洁白的沙滩上，沐浴着温暖的阳光……在北国冰封的冬季，国境之南有一温暖如春的天堂，那就是中国的热带明珠——海南三亚。这个被阳光簇拥的城市，成为寒冷冬日里渴望温暖的国人们心驰神往的度假胜地。

体感温度，三亚一向都不缺。作为我国唯一一座热带滨海城市，三亚坐拥得天独厚的旅游资源：论阳光，北纬18度的黄金位置，让三亚日照充沛，四季明媚；论大海，有九大海湾海岛形成独具魅力的热带海洋风光，更有冲浪、游艇等数不清的游玩方式；论沙滩，各大沙滩或以银白著称，或以广阔闻名，各有鲜明特色；论滨海酒店，其数量和质量丝毫不逊于北上广深，配套服务也令人赞叹。

向心传递温度，三亚也从未停摆熄火。不断创新旅游产品和业态的同时，也不断推出“宠游客”的暖心举措：多个景区不断开发国际尖端理念＋海南本土文化元素的“Z世代”友好项目，还设计推出了许多适老及母婴便利设施；多平台设立专门通道，迅速受理和跟进游客投诉；激发党建联盟的“红色动能”，打造“15分钟党群服务圈”，为游客提供各种紧急支援及便利服务；举行海上突发事故应急救援演练，确保在海上落水人员搜救和转移、船舶消防灭火、海面油污围控等事件中做出有序高效的响应；2022年突发疫情期间，政府、酒店、街道、物业，全城响应妥善安置8万滞留旅客；疫情之后，为援琼医护人员提供免费婚礼、免费旅游等；大力发放免税消费券，鼓励和引导各免税经营主体举办免税促销活动；不断支持和规划各个区位夜间经济的发展，稳定居民生计的同时丰富游客体验……

三亚西岛海洋文化旅游区海岸线

当然，三亚也并非完美无缺，房地产开发投资一度推高了旅游企业的经营成本，同时还面临着东南亚旅游的竞争压力。但三亚并没有回避问题，一直在努力寻找更好的解决方案，始终致力于旅游产业的转型发展，努力争取更好的口碑、更好的目的地形象、更好的旅游产品服务供给。2020年，海南自由贸易港建设进入全面实施阶段，在这一重大历史背景下，三亚旅游产业也开始谱写新篇章。在《三亚建设国际旅游胜地规划（2022—2035年）》中明确指出，要把游客友好型城市建设贯穿始终，要持续提升旅游品质和服务质量，打造更舒心的幸福之旅。可以看出，“坚持以游客为中心”已成为三亚旅游产业提质升级的出发点。

《人民日报》曾有文章指出：“是游客‘用脚投票’的选择，提升了三亚的温度。”三亚的“高人气”，既是人们对度假于碧海蓝天、椰风海韵的向往，也是对三亚狠抓城市治理、提升旅游品质的肯定。三亚正是从根源处着手，通过一系列深入到细枝末节的暖心举措，引领着新度假模式的发展，逐步扭转着游客的不良印象，让游客看到一个越来越有温度的三亚，一个友好、充满暖意的海洋度假天堂。

“三亚温度”，来自所有维度

旅游业是综合性很强的一个行业，产业结构中囊括了多个子行业。换个角度看，游客对旅行目的地的每一次到访，都可以视为对旅游目的地食、住、行、购、娱的全方位检视。一座有温度的旅游城市，想做到让游客欢乐而来、满意而归，必须让整座城市从内心接纳游客、保护游客、善待游客，让游客在每个细节中体验到城市的用心。三亚在提升自身“温度”的过程中，通过全方位满足游客的多元化需求，让游客形成了良好的综合体验。无论是优势明显的滨海运动、时尚艺术、满意购物，还是不断探索发展的潮流夜游、品质住宿、新城美食等维度，都是三亚不可或缺的一环。在这些不同维度之中，三亚的接纳、友好和热情，随时随地被游客体验、感知、触摸，形成了全方位的新符号，带给游客有温度的新感受。

滨海运动三亚：提升参与热度

三亚是水上运动的胜地，冲浪、帆船、潜水、游艇出海等多种项目吸引着越来越多有着高消费能力以及分享影响力的游客奔向阳光沙滩，寻找水上运动带来的刺激与乐趣。与此同时，三亚也在积极打造体育旅游精品项目，大力发展海洋旅游、低空旅游等体育旅游新业态，向着建设世界一流的精品体育旅游目的地的目标迈进。

亚龙湾海底世界摩托艇

近几年，三亚成功举办了多项顶级赛事，这些国际国内知名的赛事IP，让体育旅游成为三亚的一张崭新名片。海南（三亚）国际马拉松赛、环海南岛国际大帆船赛、“FE”国际汽联电动方程式锦标赛、北京2022冬奥会冰球资格赛等国际级赛事等，都在三亚成功地落下帷幕。此外，这里还主办或承办了多届海南环岛自行车赛、海南高尔夫球公开赛、世界拳击联赛等体育赛事，2023年的海南三亚马拉松也于12月24日开跑。

值得注意的是，三亚极为注重游客的互动参与，有多项体育赛事活动是专门为提升游客的参与感和体验感而设计的，如海南亲水运动季、海南沙滩运动嘉年华、青少年OP帆船赛、“三亚球王”争霸赛、吉成之夜健美大赛、2023年三亚市龙舟公开赛等本地赛事。游客的参与，大幅提升了三亚的可玩度和交互度，让三亚旅游形象更加立体、有趣；同时因为自身的参与构建了三亚体旅的一部分，游客对三亚的旅行也多了一份自豪感和认同感。

品质住宿三亚：打造归属暖度

三亚住宿不再只有海边的奢华酒店，更加健全多元化的住宿服务体系已经在三亚形成。面对越来越丰富的游客消费层次，高端酒店向度假综合体迈进，开发婚恋、亲子、适老等精准服务项目，满足不同年龄游客层出不穷的丰富需求；而民宿则走出了自身的个性化路线，如后海的活力“浪”人风、天涯镇的热带地中海风、博后村的艺术未来乡村风等，可谓百花齐放。不同预算的游客，都能在三亚找到自己偏好的住宿场景，并感受到住宿与本地文化、潮流文化、乡村文化等的无缝融合，找到胜似家乡的归属感。

时尚艺术三亚：彰显国际风度

三亚最初为全世界所知，就是通过拥有巨大影响力的“世界小姐大赛”。早在2003年，三亚表现出极大的魄力，不惜重金引入世界小姐大赛，从那之后，时尚艺术就刻进了三亚旅游发展的基因里。

1996年，首届中国·三亚天涯海角国际婚礼节成功举行，到2023年已经连续举办了27届。27年来，三亚不断创新婚庆旅游产品，喊出响亮的“浪漫天涯”的口号，不断打磨婚庆旅游产业链，让三亚的婚庆旅游产业更加国际化、专业化、精品化。今年，三亚还将举办首届中国三亚国际婚纱时尚周，让来三亚旅游的新人们可近距离接触梦幻的大牌婚纱。

广受年轻人欢迎的音乐节也多点开花。2018年首届三亚国际音乐节以时尚、青春的感召力，为三亚注入了新的活力。而2023年的草莓音乐节、阿那亚户外音乐节，更是标志着三亚逐渐走到了潮流的第一线。

三亚草莓音乐节现场

2018年开始在三亚举办的海南岛国际电影节，短短五年，在国内外已经初具影响力，正在努力冲刺国际一流的电影节。对游客来说，电影节不但是看电影的好机会，也是近距离邂逅国际明星和电影大师的好机会。约翰尼·德普、伊莎贝尔·于佩尔、朱丽叶·比诺什、成龙、徐峥等众多明星都曾于此亮相，众星闪耀给游客留下了珍贵美好的记忆。

后，各景区通过迭代升级拉动了二次消费，形成新的消费业态，不但让景区更有活力了，也让游客耳目一新。

天涯海角景区免票后的首个“黄金周”，游客总接待量已超 10 万人次。景区新推出的项目不仅带动景区盈利，还将消费吸引力辐射到周边的天涯小镇。鹿回头景区开放后，与三亚湾、大东海、临春岭等景点联动，构建起三亚“城市会客厅”，打开三亚全域旅游联动的格局，形成多个行行涉旅游、时时有服务、处处有美景、人人皆体验的开放型景区。游客涌入开放式景区，与市民“主客共享”美好时光，充分感受到整个城市的热情。

放心游：先行赔付是一种态度

三亚深知，旅游业高质量发展最直观的体现便是产品和服务品质的提升，让游客放下戒心、没有后顾之忧，是最能彰显以游客为中心、体现城市温度的关键。

为此，三亚推出**“三亚放心游”平台**，积极引导全市酒店、景区、民宿、旅行社、海鲜餐饮、婚纱摄影、旅游购物等涉旅商户入驻。当游客遇到消费纠纷时，放心游平台第一时间站出来为游客“撑腰”。同时构建**“先行赔付”**制度，游客可通过三亚放心游平台线上实名提交相关证据，在线客服将在 3 分钟内进行受理。在证据链真实充分、索赔法律依据明确的情况下，平台将在 30 分钟内进行先行赔付，最大限度保障消费者的合法权益。今年，“先行赔付”资金池已经扩容至 1000 万元。

旅游消费投诉先行赔付宣传海报

这些措施很快收得成效，一方面，放心游平台让游客吃下定心丸；另一方面，放心游平台将问题反馈给有关部门，监管部门将针对投诉的问题进一步举一反三、主动排查、动态追踪后续处理。

完善法规：让旅游业高质量发展更有力度

为健全旅游管理机制，三亚不断健全相关行业法规，尤其是在游客旅游体验方面，不断补充短板。

水上旅游方面，通过建立“四个一”工程，进一步规范管理，促进海上旅游业态持续健康发展。“四个一”包括《三亚市海域使用详细规划》《三亚市水上旅游项目促进和管理办法》《三亚市潜水旅游服务规范》《三亚市冲浪旅游服务规范》等，各项之间相辅相成、相互促进，形成一股合力，全面规范水上旅游市场秩序。

对新近发展起来的低空旅游业态，三亚迅速推出《三亚市促进低空旅游发展暂行办法》，规范低空空域内利用民用航空器或者航空运动器材从事的观光游览、休闲度假、冒险体验、体育娱乐等各项旅游活动。

老牌的餐饮服务方面，三亚不断完善行业服务标准，如印发《三亚市促进餐饮业发展若干规定》，指导行业协会制定《绿色餐饮企业等级评定规范》等地方标准，为实现“三亚放心游、放心游三亚”提供有力保障。

三亚将持续提升旅游市场监管效能，擦亮“三亚放心游、放心游三亚”金字招牌，保障游客玩得舒心、顺心、安心，让三亚“温度”持续释放。

结语

过去十年来，三亚的发展有目共睹。通过不断完善旅游产品和服务供给体系，提升旅游项目和配套设施建设水平，让越来越多的人爱上三亚。特别是海南自贸港建设以来，三亚被赋予了建设国际旅游胜地的重任，更有了打造“有温度”的幸福城市的动力。从数据上看，2012 年至 2021 年，三亚接待的国内外游客数量从 1102.22 万人次增长到 2162.04 万人次，而旅游年收入则从 192.22 亿元大幅上升至 747.03 亿元。2023 年上半年，三亚接待的过夜游客就已达到 1327.36 万人次，相信 2023 年全年过夜游客数量以及旅游总收入将会再创新高。

城市有温度，旅游就有热度，城市有口碑，游客才愿意一来再来。未来，三亚将坚持把游客友好型城市建设贯穿始终，持续提升旅游品质和服务质量，激活旅游全链条，以最佳姿态打造游客友好型城市，乘着打造国际旅游胜地的东风，让三亚优势更优、强势更强，持续绽放三亚的新活力，多维度满足游客的游玩需求，进一步将三亚城市温度，送到游客身边，同时也吸引更多游客来感受三亚的“温度”。

黄山关麓：
从传统村落到新型度假区的“华丽转身”

朱景荣

“久在樊笼里，复得返自然。”寄情于山水之间，似乎是每个人都向往的事。越来越多人开始憧憬着逃离城市的钢铁丛林和车水马龙，在广阔的山林间找寻生命和生活的真谛。既要有治愈系风景，能与大自然亲密接触，又要有舒适的住宿居留，同时还有稀缺性的玩乐项目和深度的文化体验配套，满足游客对于新时期休闲度假的需求。

在被誉为“画里乡村”的黄山黟县千年古村落关麓村旁，一座座山林间的白色帐篷顺着山势扎进蜿蜒起伏的山林里，就盛下了一个个“诗与远方”的田园梦。这就是由中国旅游集团20强之一的景域驴妈妈集团控股打造的黄山关麓帐篷客度假酒店。

黄山关麓帐篷客度假酒店鸟瞰

作为景域旗下的野奢度假品牌，2014年，第一家帐篷客度假酒店在浙江安吉的万亩白茶园中正式亮相。酒店“依山而建，帐篷为家，茶香入梦”，在服务与品质的支撑下，实现了高入住率、高客单价以及高口碑度，并多次受到主流媒体点赞。

随着帐篷客品牌在市场端的被认可，国内更多目的地也抛来了希望帐篷客落地的橄榄枝。2016年，景域集团和黄山黟县签署协议，计划将帐篷客品牌落地黟县。相较以美丽乡村为底色的安吉帐篷客，2.0版本的关麓帐篷客则是在保护性利用徽州传统古村落基础上，以农文旅融合和乡村产业振兴为主要抓手，以国际标准、本土文化、国际手法、本土符号去融合与激活徽州历史文化与黄山自然生态资源，致力于打造一个21世纪的新徽派国际化度假旅游目的地，即关麓国际旅游度假区。

黄山关麓国际旅游度假区总范围2400亩*，总投资约20亿，由关麓帐篷客度假酒店、关麓古村景区、乡村旅拍基地、驴爸爸星球亲子乐园等六大创意组团，分两期开发，目前一期的帐篷客度假酒店于2022年10月正式开业，关麓古村景区和驴爸爸星球亲子乐园也在2023年底具备开业条件。

开业一年以来，黄山关麓帐篷客度假酒店凭借着卓越的服务和高端的品质受到了多省、市相关领导，主流媒体及社会各界的广泛关注与肯定，登顶抖音黄山豪华酒店热门榜单，荣获各类文旅机构和主流媒体平台评选的“中国旅游创业创新案例精选”“中国臻选精品酒店”“十大‘必睡’·野奢度假酒店”“最值得期待新开文旅项目”等奖项，成为黄山高端度假业态发展的代表。

在长三角地区，从来就不缺令人向往的精品民宿和度假酒店。相较而言，关麓帐篷客最大的亮点是“野奢”和“度假”。而这也是景域打造“帐篷客”这一品牌的初衷。

帐篷客——中国自己的“野奢度假”品牌

野奢并不是一个新的概念，它的英文名称Glamping就是Glamour（魅力）与Camping（帐篷）的简称。在欧美发达国家，“帐篷营地”和“帐篷酒店”早已成为国际休闲度假的潮流。随着中国休闲度假的发展，更多的市场主体也洞察到“野奢”在中国的市场前景。

景域集团创始人洪清华是一个不折不扣的酒店控。在考察过东非和澳大利亚的野奢营地酒店之后，他着手推出中国自己的野奢度假品牌——“帐篷客”。

和国外的野奢营地酒店相比，**中国人更偏好的野奢酒店是既要远离城市喧嚣，拥抱自然，并且能有不失舒适的住宿体验，即所谓的“有雨趣而无淋漓之苦”**。特别是对于久居在城市的钢筋水泥和快节奏生活中的都市人而言，他们向往的是离开繁华都市，又回归自然，在自然中感受另类度假体验，寻找心灵共鸣。因此这一需求也对帐篷客的选址有了更高的要求，要求目的地资源具有稀缺性甚至唯一性，同时也不能过于远离城市，少去舟车劳顿之苦。

正是在此背景之下，帐篷客在创立之初，就秉承**“重环境、美建筑、精布局、玩风情”的品牌理念**，致力于为游客创造一种“为一间房，赴一座城”的微目的地旅行度假新时尚。

“重环境”——“夥”见如故·自在桃源

景域的第一家帐篷客酒店落地在安吉的万亩

* 1亩≈666.7平方米。

白茶园中，顶顶白色帐篷与中式徽派文化建筑群相映成趣，同时与当地茶山溪水、野花野草等原生态环境自然融合，成为叠翠山峦中一道亮丽的风景。

而第二家帐篷客酒店落地黄山也是经过深思熟虑的。黟县是古徽商聚集地和徽文化发祥地之一，拥有“世界文化遗产地”宏村、西递，“国家生态示范区”“中国旅游强县”等名片和“世外桃源、画里乡村”“千年古县”的美誉。在经过数十趟黟县选址之旅后，帐篷客最终选择的地方就位于黟县的国家级历史文化名村、安徽省美丽乡村示范村——关麓村。

关麓村始建于唐永泰年间，距今有1000多年历史，依山傍水、白墙黛瓦，是一个典型的皖南徽派古村落。关麓帐篷客与关麓古村比邻而居。团队当时发现西武岭下的这片山腰时非常欣喜，虽然那时候还只是一片荒山，但四周风景如画，远山如黛，近水含烟，宛如一幅浑然天成、灵动秀美的中国山水画卷。行走其间，每一步都能遇见美好。大家都相信等建成之后，游客在这里“推开窗，就能看到世界的唯一”。

“美建筑”，坚持野奢、自然与诗意

为了让建筑与山野间的原生环境完美统一，真

关麓古村落

正让人与自然“零距离”亲近，帐篷客设计上也注重与自然山野的协调。建筑以人类早期梦想的野性聚集地“帐篷”为外观形态，用圆形、三角形、折屋顶形对“帐篷”进行形式上的转译，让单体建筑契合地形，像浮云停留在山腰，隐匿于山谷之中。内部房间则依循地势呈阶梯状下挂，给予住客多层次的室内空间的同时，视野也能坐拥整个山谷自然景观。2019 年，关麓帐篷客也入围有“建筑界奥斯卡”之称的 WAF 世界建筑节大奖。

经过多年的精雕细琢，如今的关麓帐篷客度假酒店占地面积 180 亩，拥有独具东方野奢理念的 32 套帐篷别墅客房和 38 套景观度假客房。其中，帐篷客房以徽州文房四宝中墨海、紫毫、松烟、云蓝命名，细节中彰显中华传统文化的人文与诗意。

“精布局”，注重古与新、动与静的结合

休闲度假时代，酒店不只是住宿空间，更是融合了复杂的产品设计、综合的体验业态的微型目的地。在关麓帐篷客，除了野奢环境和别具一格的建筑设计，如无边泳池、温泉、健身、亲子乐园、骑行、旅拍等完善的度假配套项目布局，更是酒店软实力的体现。

除了度假酒店之外，景域集团还创造性整合关麓村自然生态与人文历史资源，打造了“关麓旅游度假区”，包含关麓古村、驴爸爸亲子乐园、互动夜游和沉浸式演艺、中医健康中心和康养社区等六大创意组团和十大网红打卡地，都在一步步陆续建成开放中，它们之间融合互补，共同打造引领消费的新产品、新业态、新模式，致力于让关麓成为人人向往的心灵休憩之地。

黄山关麓帐篷客度假酒店

“玩风情”，主客共享的美好生活体验

关麓之美，不止于酒店野奢住宿；野奢之上，更是触手可及的徽州生活风情的创新性体验。

在关麓帐篷客，住客可枕梦山间，在温馨的帐篷房里诗意栖居；也可在云朵健身中心来一场酣

畅淋漓的运动健身之旅，让身心和自然场景尽情碰撞交互：满眼的翠绿山林，清新的山野空气，都让人格外振奋；也可以在乡村旅拍基地，体验快门声中的时空穿越。而骑行山间、步行探访关麓古村落也是相当治愈的旅程，在保持着原有村落形态、居民和生活状态的徽州村落里，实现短暂的心灵放空和精神逃离。

未来随着度假区内更多板块的陆续建成开放，也将带来更多主客共享的宜居、宜游、宜业、宜学、宜养的体验。

时任黄山市市长（现任安徽省副省长）孙勇曾表示，关麓国际旅游度假区项目作为安徽省重点文旅项目，正在倾力打造全场景体验式宿集旅游区和创意创新型度假景区标杆，以关麓一域之嬗变，见证黄山全域之多彩。

黄山关麓帐篷客度假酒店无边泳池

关麓“八大家”复原修复　创新再现历史繁华

作为传统历史古村落，数百年来，关麓村的地标一直是“八大家”连体古民居群。所谓“八大家”，是一户汪姓徽商八兄弟的住宅，整体占地6000多平方米，设计精巧、建筑精美，特别是连体结构在徽州古民居中极为罕见。因“八大家”多以书学命名且配有多处私塾，又有“中国古代私塾博物馆”和“徽州大观园”的美称，更体现了古徽州的宗族治理智慧。

在景域集团接手关麓项目之前，关麓村经济条件欠佳，当地居民对旅游发展和古村提升的进程颇有微词，村里的部分保护建筑和民居房屋因长期无人居住和缺乏修缮，许多面临倒塌，有的处于危房状况。项目启动之后，景域以历史文化名村保护性规划为原则，按保护性规划划分的区域，以传统再现、文化再生和业态创新的理念和方法推进关麓村保护利用。

一是在核心保护区坚持保护与传承，推动传统文化的繁盛再现。比如在“八大家”的保护传承上，有的老宅面临倒塌，原本“八大家”各家自成一体但又相互连通是其最具标志性建筑特色，因为历史原因被阻断和拆分，内部大量明清特色的彩绘、壁画和木雕窗花也在一定程度上被破坏，宅院里原有的一幢学堂和一幢书斋及各家的书屋也都基本被挪作他用。公司投入巨资抢修保护建筑，除了在文物管理部门指导下，选择文物主管部门目录里有资质的保护修缮单位修缮“八大家”建筑外，再根据资料记载和文化专家的指导复原空间陈设和徽文化场景，并在此基础上根据各家空间特色，植入婚俗文化、徽州非遗和私塾文化等内容展示。

二是在建设控制地带营造文化再生景象。在创意创新徽文化、推动徽文化创造性转化创新性发展理念指导下，对非保护区的非保护建筑和危房进行翻新改造，力求做到胡适先生所说的“整理国故、再造文明”。

代表性项目有国家级古建专家、中国科学院常青院士担纲对非保护区的危旧小学进行翻新改造而建设的新徽派博物馆关麓书院。书院原址是作为汪氏宗祠的承德堂，该建筑毁于 20 世纪 60 年代，后所在地块建起了砖木结构的关麓小学和茶厂均已废弃，如今拟建的乡村博物馆性质的关麓书院，立意以汪氏崇尚耕读、广设学堂及书屋的历史逸事为本底，采用在原建筑及场院投影范围内翻建的策略，将其转化再造为徽韵浓郁的新风土书院建筑和方庭。翻建后的书院形体摒弃徽式仿古，追求徽韵新风，以宣示可识别今昔的普世保护原则，表达对村落历史真实性的尊重。而在内容上，植入线上线下一体化的徽学、国学讲坛，徽剧、黄梅戏展演，同时打造知名艺术家工作室和艺术产业总部基地。关麓一系列文化再生方法的运用，也是传统村落保护利用过程以发展促保护和在传承基础上创新的实践探索，做到老树能发新芽。

三是在环境协调区，实施产业纵深策略。在确保风貌协调的前提下打造品牌度假旅游产品和创新业态。目前关麓国际旅游度假区除古

黄山关麓帐篷客度假酒店夜景

村组团外，还有五大品牌创新业态：驴爸爸亲子探索乐园、帐篷客等精品度假民宿酒店群、乡村旅拍基地、品牌演艺和夜游项目、品牌中医健康管理中心和康养社区。

总体而言，关麓国际旅游度假区打造也是力求在科学保护利用传统村落基础上，**从传统再现、文化再生和业态创新三个维度和视角走保护与发展之路**，为大黄山世界级休闲度假旅游目的地战略做样板项目，助力黄山旅游转型升级。

村企合作　探索“景村共生”

文旅是大产业、大民生、大展示，是目的地流量的入口，也是服务经济的引擎，在产业带动、促进全体人民共同富裕方面具有独到的作用。作为黄山乡村旅游发展的一个标杆性项目，关麓帐篷客和旅游度假区在村企合作方面也打造出了自己的一套做法实践。

在关麓帐篷客项目推进过程中，公司与关麓村携手，充分利用村落徽州的肌理和风韵，**将村庄、田园、山林等作为一个运营产品，以经营权合作方式，开展市场化运营，实现了村落变景区、农房变客房、资源变资产、创意变生意、生态变业态**。同时公司和村里也在探索整村推进的“景村共生”模式，开展“两山转化”试验，先后租用和流转村民 600 亩土地，完成 17 栋民居经营权流转，打造非遗展示、旅拍等业态，带动了餐饮、民宿等产业的发展。

为解决农民土地被征收后的收入来源问题，公司与关麓村集体经济联合社签订了用工协议，采用返聘和上岗培训的形式，让村民参与度假区项目运营。目前，村民参与度假区项目建设用工约 15 000 人次，有 50 余人在酒店、公司就业。通过租用 400 亩农田和流转 200 亩林地直接带给项目属地村民及村集体经济收益 3000 余万元。村民也可以通过家门口就业、闲置农房土地流转、产业工人身份转变、农副产品销售和景区民宿分红等方式大幅增加收入。

数据显示，2018 年，关麓村集体收入 10 万元，村民人均可支配收入 1.7 万元；2022 年，村集体收入 50.3 万元，村民人均可支配收入 2.5 万元。

创新商业模式　保证可持续发展

对于黄山关麓度假区的商业模式以及后续的运营保障，景域的做法基于几点考虑。

第一是坚持打造全场景体验式民宿集群旅游区。

作为中国旅游的一张名片，黄山地区正在着力推进世界级休闲度假旅游目的地建设。而在此进程

对行业还是要有敬畏之心

——高炽海对话福莲茶庄园魏莉宁

对话时间：2023 年 11 月 6 日
对话地点：武夷山福莲茶庄园
对 话 人：高炽海
魏莉宁

位于环武夷山国家公园保护发展带上的福莲茶庄园

高炽海：咱们这块地方叫福莲茶庄园，为什么要做一个茶的庄园啊？

魏莉宁：最开始是因为我有自己的茶山，就想着要建一个茶厂，有一个自己的制茶空间。真正谋划建茶厂的时候，因为我去过很多地方，就想到国外有些地方，比如它是做茶的，但并不是只生产茶，而是让人们可以共同参与进去。后来又想到既然要让人能参与，如果这个地方人们觉得特别好，特别感兴趣，那可不可以让他们多待一下，能不能把时间放慢和拉长，而不是参观完就走了，或者只是喝一杯茶就走了。由此，**我希望这是一个美的地方，可以让人有互动，不只是一个茶工厂，也可以是一种茶体验茶生活**。这是我最初的想法。

高炽海：想法很有意思，那您是如何来建设的呢？我不知道最初这里是什么样子，应远不是今天这个模样。

魏莉宁：有了开始的想法以后，我就想如果把茶厂建得美一点，跟这里的山水相融合，应该会更吸引人。

武夷山是茶的故乡，自然也有很多茶厂，不过以前大部分的茶厂传统上只是满足生产这个功能，基本没有现在所说的制茶展示与互动交流等茶的体验旅游这样的概念。但其实武夷茶的制作过程比较复杂，很多人有兴趣了解。厂房要做得好看，虽然主要还是满足生产功能，但要有设计感，能真正把人带入到那个场景里去。于是我们在厂房园区种了很多树，并结合这一方山水，把景观融入。

至于茶庄园整体规划，是后来一点一点推敲和建设出来的，不是一开始就想要很大面积。我们首先想的**是尽可能保留这个山形地势，不挖山，不去破坏**。最早的设计中，房子还多了两栋，但那两栋得把这座山削掉一半后去建，破坏性太大，就放弃了。当时那个年代，好不容易有了建设指标，很多人劝我把指标用足，现在不用以后就不能再用了。

最初这里还是一片荒山。我们一点点地清理杂树、芦苇，恢复这里本来就有的那条溪流。现在这里的树很美，全是我们每年冬天一点点种、一步步建成的。我希望来到这里的人能真正沉浸地、全方位地体验“茶生活”。

高炽海：在你们看来，这种“茶生活”意味着什么？我来过武夷山，也去过国内很多产茶的地方，很多地方也说“茶生活”，但往往是特别外在感的。就是能看见一片茶田，可以在茶田里面拍照，然后就是体验茶道，有一个阶段甚至风靡台湾茶艺师。好像“茶生活”就到此为止了，基本上就这两个方面。你们心目中的“茶生活”是什么样的？

魏莉宁：可能每个人对茶的理解或者需求都是不一样的。我们以茶为主题，首先就是融入茶山之中。（**高：**有一个好的场域。）开窗就能看到茶山，几步就能上茶山。人们来了，在茶园或房间可以闻到茶香，到茶室可以喝到好茶，可以去采茶，也可以参加制茶。我们日常生活中涉及茶的所有东西，整个茶生活的过程，都可以通过茶庄园这样一个平台打开门，让人们全方位地了解和体验。

高炽海：如果只是开了个茶室，那么可能就是茶道、品茶的一个过程、一个仪式，但是你们做了个茶庄园，**它给的茶生活，就是从茶叶还是一片树叶的种植——这个农业生产过程开始，到采摘，到很好地制作出来，再到品味它。**实际上你们是把整个过程，用一种有一定美学塑造的方式，呈现给人们。就像一个葡萄酒庄园，是从葡萄种植开始，到大家一块去采摘葡萄，再到葡萄酒的生产、品鉴，这是一整套的葡萄酒的生活。而你们给了一整套的茶叶的生活。可以这样理解吗？

魏莉宁：可以这么理解。从源头造就，到最终的品茶过程，都能在这里全方位体验到。而且，我们这里每个环节都是鲜活灵动的自然状态。如果你刚好是在茶季来的话，是可以全程参与的，那时就可以看到和感受我们通宵做茶的情景。可以说我们的茶庄园建设是用心的，但呈现给来客参与和体验

福莲茶庄园内武夷山市首批武夷岩茶（大红袍）制作技艺十佳非遗体验馆

的，没有一样东西是刻意的，就是想让人觉得自在自然，这就是“茶生活”了。

高炽海：这一点我特别赞同。生活嘛，首先得是活的，是活生生的，而不是刻意展示的。

魏莉宁：如果你起得早，可以看到工人在干活在除草，你也可以问他“你为什么要放这个东西”“这个是什么”。所以茶叶生不生态，在这里是公开透明的、全方位展示的，让人更放心。无论人们来的目的是什么，只要参与进来了，就会有收获。

高炽海：你们张总提到你们总结了一个理念，就是把**茶产业、茶文化、茶科技统筹起来用茶生活来展现**，这四个方面是统一在一起的。这四件事，你们同时都很关注。

魏莉宁：是的，我们的初心就是做生态茶，我们很早就确定茶园用生态管理，明确不打农药、不施化肥。这在当时是比较特别甚至有点另类的选择，因为可能吃力不讨好，也可能是一个漫长的过程。当然单是不施化肥也不行，土壤必须有肥力，这就需要引入茶科技来完成茶园生态管理。

高炽海：我十年前来的时候，武夷山的领导带我去参观一些茶园，就已经看见捕蝇板。他们说我们不打农药，我们都是用捕蝇板这种方式来除虫。那你们做的茶科技跟大家普遍都在做的有什么不同？

魏莉宁：还是有很多不同的。比如我们现在用的是生态的捕蝇灯，来自一个院士的科研项目。比如我们在两行茶之间套种一些特殊的油菜、大豆，用生态的方式给土壤补充了氮磷钾。那不是普通的大豆，是接种过根瘤菌的大豆。而且像这种间作，其实对防虫也有一定效果，因为相比茶树的叶子，虫也更愿意去吃大豆的叶子。这就是一个小生态系统。

对茶科技，我的理解是，不能像做菜“盐少许”那样大概，需要特别精准。我们需要一些仪器辅助检测茶叶、土壤等，通过实验室研究怎么样提高品质，然后就是普通做法，需要补充什么营养素，还得用生态的技术去完成补充。

高炽海：像这种通过套种其他植物来提高土壤肥力的办法，最早是你们应用在武夷山这一带的？

魏莉宁：是的，我们最早是2016年跟福建农林大学的廖红教授合作，2018年率先在我们燕子窠茶园引入茶科技做生态茶。最早的一些试验就是我们和廖红教授一起做的。但当时还没有在地方大范围推广。2021年3月习近平总书记到了武夷山，考察了我们燕子窠生态茶园，科技特派员廖红教授给总书记介绍用了哪些科技。**习近平总书记就在燕子窠现场提出了“要统筹做好茶文化、茶产业、茶科技这篇大文章”的“三茶统筹”的重要嘱托**。自那以后，燕子窠生态茶园模式开始全面推进技术普及。

高炽海：这个茶文化，你们具体做了什么工作？

魏莉宁：茶本身是很有历史的文化品类，茶文化要得到传承弘扬，更持久地发挥对茶产业茶生活的推动作用，首先就要有载体。我们在茶庄园里专门建设了一个当代茶圣吴觉农纪念馆。吴觉农先生是推动茶复兴的很重要的一个人。

福莲茶庄园创建者魏莉宁女士

高炽海：为什么要做吴觉农纪念馆？

魏莉宁：2015 年，机缘巧合，我去了上海的吴觉农纪念馆总馆参观，了解到他不平凡的一生。我之前不知道有这个人，我认识的绝大部分武夷山人也都不知道这个人，这让我很受震动和刺激。

吴觉农先生不是一般的大师，他对中国现代茶叶事业的复兴和发展所起的作用可能无人能比。他最早论证了中国是茶树的原产地，创建了中国第一个高等院校的茶业专业，创办了中国茶叶总公司，被誉为“当代茶圣”。他在 90 岁高龄时，还推动创建了中国茶叶博物馆。而且，抗战期间，他在武夷山麓首创了茶叶研究所，之前在中国是没有的。

高炽海：那武夷山应该感谢他。

魏莉宁：对，他的一生，是

武夷山很重要的一个文化组成部分。你看，他1943年写的《整理武夷山茶区计划书》，里面讲到了**修建圣迹、培养林木、招揽游客、整理道路等**。他在当年写的怎么振兴武夷山茶区的这几点，现在都还在提倡和推动，是很有远见的一个人，非常超前。他的高度不是一般人能有的。

看完总馆之后，我就主动申请自费在武夷山做一个分馆。我想让更多的人了解他，并通过他更好地了解武夷茶。这也是一种传承。因为武夷茶会有今天如此高的地位，这样的先辈和这段历史我们不能忘记。这让我感觉很有使命感，觉得一定要做。

在我们做这个纪念馆之前，吴觉农先生在武夷山的这一段历史已经被人遗忘得差不多了。我们把资料重新整理呈现出来，包括茶文化尤其是很多茶人的精神、思想，通过吴觉农纪念馆这个载体进行传播推广和弘扬。

高炽海：很多时候，我们一说起历史文化，比如茶就言必称陆羽，太高了，离我们太远了。

魏莉宁：中国茶叶发展的这个路途中可能有很多人，有神农、陆羽，也有当代茶圣吴觉农这些离我们近的人，也应该被了解。这个纪念馆，基本上没有企业元素，因为我们在这些人面前真的微不足道。

福莲茶庄园红枫季节场景

高炽海：一个并不是规模特别大的企业，在今天这样的情况下，愿意去做这样一件事情，本身就挺了不起。而且你们不是因为商业来做这个陈列馆。如果因为商业，你们可能不做吴觉农吧，可能会做大红袍馆。

魏莉宁：如果有一个人看完，跟我说真的好崇敬这样的人，我就特别开心，就觉得很值得了。

高炽海：做文化有时候商业目的太浓，可能让人反感，因为可能让人一眼就看透究竟想怎么样，反而是单纯敬意会感染人。

魏莉宁：对行业还是要有敬畏之心。我们自己做这行，一定要敬畏它，为这个行业付出。我们没有再新开过一片茶山，也没有今年市场上什么品种好卖，就把茶树树种给换掉。可能不那么商业化，但我们认为从长远看应该这样。因为茶树有自己的周期，我们要关注它现在是不是合适的年龄，茶树品类也需要保持一定的多样性，而不能简单地跟风市场。

高炽海：我们一直说要有工匠精神。哪怕一个寿司或是一件铜器，几代人扎扎实实在做，不断地钻研。这不是商业吗？卖得也挺贵。越是着力去做的东西，卖得可能越不便宜。但是他不会跟风，不会今年另一个类型市场更好，就去做那个类型，而是“如何把这件事情做好”本身更重要。

魏莉宁：这样的人有自己的原则，有自己的标准，底线都守得很好。

因为你现在认可的东西，未必是市场现在主流的东西，也有可能不是行业内其他人都在做的事，但是你要相信自己，只要你认为有价值，就要坚持自己的想法。有时候一个东西的价值显现不是一时的，是要坚持很长时间的。就像我们做生态茶，付出很多人工、物力和时间，付出很多成本，但它就是一件不会让你很快在市场上得到效益的事，因为大部分人喝不出来这个是生态茶还是非生态茶。

高炽海：现在这二者的价格有很大的差距吗？没差别吧？

魏莉宁：现在生态茶成了一个热门词，各种包装都打上生态茶了，但因为市场上还没有特别明晰严格的衡量标准，所以很多时候是有人觉得好喝就行。但是不能因为这样我就不去做生态茶。如果我们看到结果是我们暂时并没有太多好处，那我们还做不做？还是要做呀。做生态茶也是总书记充分肯定和鼓励的，是绿色发展的必然要求。我们就是这样的人，就是要朝这个方向做这件事的人。

高炽海：中国的商业就是缺一些傻一点的人，不能都太聪明了。可能是我们回到市场经济时间还太短，很多人很容易有坏市场的习惯，就是短视，主要看眼前，而有一个好市场的习惯是需要时间和博弈的。好的市场经济是我觉得我坚持做的这件事情有价值，那我就坚持。

魏莉宁：有时候我觉得市场变得很快，或者一些人总有很多新的理念，但也许因为我个性的原因或者是确确实实让人感觉有点“蠢”吧，喜欢慢一点，很难马上吸收这些所谓的新理念。我自己认定的事情，肯定要慢慢地去实现它。如果一味跟着别人转，我自己就乱了，马上就不知道自己在做什么了。

我在建这个园子的时候，无数人跟我提这样那样的意见，每天都有人指导你要怎么弄，这棵树要挪掉，那棵紫薇要怎么移，你说心乱不乱。每个人的出发点和审美角度都不一样，如果能吸收你就吸收，吸收不了你还是得按自己的思路来。

高炽海：整个庄园我听说花了12年建成。

魏莉宁：是的。给你看一下原始照片，原来是一棵树也没有，是一片荒地。再加上这边靠近武夷山景区，建设的各项工作都要更加认真细致。我记得每年冬天都种树，种了12年的树。还有房子盖起来以后内部的装修要慢慢研究，要怎么符合茶叶的气质。如果是按房地产那种经营效益要求做，可能一年两年就全部建起来了。

2019年武夷山市政府跟法国波尔多市政府做了“茶酒鉴赏对话”，就在我们庄园，来了5个法国波尔多的酒庄庄主。法国人看完我们的庄园都很感动，中国有这样的庄园文化，他们觉得不可思议。

高炽海：咱们叫福莲茶庄园，当初你们为什么起“庄园”这两个字呢？

魏莉宁：我想来想去，也就这两个字比较符合我心目中对这个地方的设想。**我认为庄园是一条龙的，从农业源头一直到最后产品让人们体验，它是一系列的不间断的东西**。不是一个简单的茶厂。再加上我希望这是个人们向往的地方，他还会想来第二次，他能在这个地方待下来。

高炽海：因为一讲庄园，肯定马上想起法国的波尔多、普罗旺斯这种乡村的度假，它们很大部分是由酒庄或者薰衣草庄园构成的。

魏莉宁：我觉得庄园，无论薰衣草庄园还是酒庄、茶庄园，首先必须有种植基地，不然就只是别墅。庄园一定是人能到实地去，到种植的那片土地去的，能追寻到最原始的源头，这是很重要的属性。

高炽海：是的，你看法国的、澳大利亚的酒庄，首先是有大面积的葡萄种植，甚至他们那些葡萄藤都可能是几十年的老藤，那个品种是他们家很骄傲的一个品种。其次是葡萄采摘下来后整个生产是在这个庄园完成的，葡萄酒的窖藏也全部都在这儿，然后才能够贴上这个庄园的标志。最后才是有住宿的地方，有品酒的地方。不能就起了庄园的名，有房子可以住宿、吃饭，但是其他过程都没有。

魏莉宁：我们首先是真真正正的茶企，这块地首先是茶叶生产的属性，然后才是我们的住宿跟酒店是不一样的。但人们因为茶而在这里待两天，我们就不是一家简单的茶企了。这可能就是农旅结合吧。

高炽海：所以说整个生产就是一个完整的生活状态，庄园就是要让游客参与这样完整的一个生活状态。

中国现在做农旅结合、乡村振兴，大体就两个类型，一个是农业的景区，观光、采摘等，另一个是民宿，可能是单独一个民宿放进村里，也有整村改造的民宿。中国的乡村度假其实是空间最大的领域。像发达国家，他们的度假要么是海滨，要么是乡村，这两个是国民度假最大的领域。发达国家乡村度假主要是庄园式度假，以庄园经济为载体，但是在中国真正实现了庄园经济的很少。

魏莉宁：至少元素不能缺。要让来的人真的认可这个地方确确实实是他心目中的庄园。

在福莲茶庄园体验采茶的父女

高炽海：它必须是这么一个完整的体系，然后才能够叠加度假的元素。至于做的水平高一点还是低一点，得另说。

但是我一直不知道中国庄园经济没能发展起来的症结。到今天为止，我们民宿发展得很多，无论是农村人自己来干，还是外来人租了农村的房子来干，都特别多，但是它不是庄园式的。

魏莉宁：可能是因为做民宿的并不是做某个农业产业的。比如这个村是种蘑菇的，但来开发经营民宿的人压根就不懂蘑菇，他不从事这个产业。

高炽海：除了村民，现在做民宿的就两类人，一类是做酒店出身的人，民宿对他们而言就是一种区域上和经营方式上特殊的酒店；另一类是满怀着乡村理想的人，建筑师或是有文化的人，对他们而言，这是一种乡村生活方式。但是很少有人是从做某个农业产业出发而走到乡村度假的。

魏莉宁：其实这个很难。比如我们在这儿做茶，有客人是来度假的，他对茶很专业，对你的茶要求很高，你要能"hold 住"他，你的茶要是不够好就不行。

高炽海：就跟法国酒庄一样，如果酒太糟糕就不行了。

魏莉宁：首先核心的东西，无论茶还是酒，要是非常好的，是最专业的。来我这儿住的人，只要他在茶上有任何需求，我们都要能满足他。有了这一点他就会满意。

高炽海：所以我觉得**第一个难点可能在于，既要有某个农业产业的专业性，同时又懂度假接待的服务业的专业性，**（**魏：**又具备服务人的这种精神。）能够把这两样结合在一起的人太少。

魏莉宁：不一定做五星级的，做三星级的也可以，但是得舍得静下心来花时间，比如我们在这个行业已经投入快 20 年了。

高炽海：这就是我想说的第二个难点。像您虽然是武夷山人，但生长在香港、澳大利亚，像你们这样受过良好教育并返回乡村的人，有产业经营的能力，有较好的科技理念，以及懂服务业，但是如果去做庄园经济，可能会面临两个方面的困难：时间和金钱。

魏莉宁：钱还好办，因为像很多财团大企业，他们都很愿意去投资这一块。**主要是时间。很多人要马上见效益，等不起或者亏不起，或者想马上能看到有什么新鲜的**。还有就是情怀，需要用心用功专注于做好一件事。

高炽海：这些年来中国人到法国去买酒庄的很多，就是投资，不参与经营。但是中国有钱人投资在中国的乡村，做有自己特色产业的庄园经济的，似乎很少。

魏莉宁：经常会有一些大老板想买我们的庄园，我就给他看最原始的照片，我说如果是这样的话你买不买？肯定不买的呀。这也正常，一般人都是想有立竿见影看得见的效益，不愿意花时间花精力去投入。这些老板每个人给我开的价都比我花的钱多得多，其实就证明**缺的并不是钱，缺的是对庄园主题特色的理解，缺的是耐心和愿意花精力**。

高炽海：所以我说中国还是缺那种“傻”一些的、有理想的人。只有这样的人才能做出一些好东西。

魏莉宁：既有理想又能筹集到钱投资，很不容易。

高炽海：顺便说一下武夷山旅游。武夷山不缺光环，世界双遗产、国家公园、AAAAA 级景区、茶的圣地。我看这些年也做了很多工作，比如取消景区门票。10 年前我在做福建省旅游总规时武夷山就提出向度假转型，大力建设度假区。但似乎到现在观光经济仍是主体，度假产业还不能说已经确立。

一方面可能是景区的吸引力太大，人们来了都想去体验三件套；另一方面是度假破题的方向问题。武夷山的生活方式是什么，是不是已经成为一个国内的热词？

就像景德镇把陶瓷的生产性的生活方式，转变为今天的时尚生活方式一样，武夷山是不是应该把茶的这种生产性的生活方式，转变为时尚的庄园度假的方式。这样整个识别度就有了，度假氛围就形成了。那人们到武夷山就会和到普罗旺斯或者到波尔多一样。

魏莉宁：那需要政府、协会等做很多工作。比如我认为应该给茶庄园制定一个标准。目前是在推茶庄园，希望越多越好，但应该设置一些标准。如果只是单纯换了个名称，游客去了一个所谓的武夷山的茶庄园，觉得不咋地，那整体的氛围、印象就很难形成。

高炽海：的确，推生态茶也应该有一个标准。在中国，要推动一个产业发展，政府的作用很重要。有些事情是必须由政府干的。

听说今年福建省里和武夷山市一起，做了条环武夷山国家公园风景道，这件事情就特别好，因为通过一条风景道把所有的点都串联起来了，把整个区域的品质提升了，而且是品牌性的。这是政府该做的。

福莲茶业所属燕子窠生态茶园示范基地

魏莉宁： 另外，您提到“武夷山的生活方式”，我觉得庄园经济可能会成为武夷山独具特色的茶生活。其实**茶生活很难描述，但它一定和波尔多的红酒是不一样的，这是很中国的**。春天茶树绿了，茶山周边花开了，漫游在茶山环绕的庄园之中，沉浸体验做青、揉捻、烘焙等制茶过程。闻着茶香，一杯一杯地泡，一口一口地品。我觉得这样的茶生活是很慢的，很静的，还有一种很包容的感觉。

高炽海： 您提示了另一个重要的问题，我们讲某种生活方式，它可能只是借由某个载体，比如说茶是一种载体、咖啡是一种载体、红酒是一种载体，而不同载体意味着完全不同的感官感受，因此，内在的感受、心理的状态可能是完全不同的。比如茶，它可能意味着安静，需要慢下来，所以在中国古代茶是跟禅结合在一起，茶生活可能意味着某种对自然的人生思考，而且是中国人独有的。

我得感谢魏总你们这样一批企业家，中国式的度假生活能够形成，主要在于你们的努力。

作者简介：

高炽海，《中国旅游评论》联合主编。
魏莉宁，福莲（武夷山）茶业有限公司董事长、燕子窠生态示范茶园基地负责人。

水果IP上高速

农交旅融合绘就乡村的『诗和远方』

金健

以一颗李子命名一个度假区，点亮一个高速公路服务区，做红一座城市。当时只是一个设想，现在成了现实。

三华李是广东特产的水果，紫皮红肉的李子，肉质爽脆，酸甜可口，个大肉厚，等级好的果子个头超50克，像一个小苹果一样。是的，我们在广东信宜这个粤西的山区城市，依托云茂高速服务区，打造了一个以水果为主题的农交旅度假项目。

三华李度假区

这是一个占地715亩的农业休闲度假区，位于广东省西部茂名市下属的山区县级市——信宜，无缝连接云茂高速白石服务区，距离信宜三华李主产区不远。“农业＋交通＋旅游”是三华李度假区标志性特色，我们把景区与高速服务区功能融合，包装建设了一座亚洲最长的钢格栅桥“520（我爱李）桥”作为爆点，整体打造浪漫主题文化。同时在乡村与高速植入艺术、时尚业态，推出三华李自有的酷玩形象，重塑信宜三华李这个地方标志性IP。

三华李度假区以农产品主题化、高速服务区主题化、景村共建为特色，以打造三华李产业综合体验地为目标，为消费者提供了融农业品牌展示、农业科普研学、农业主题度假、农贸交易及综合交通服务于一体的全方位体验。

三华李度假区自2022年7月16日开业以来，共接待游客15万人次，直接收入800万元，其中粤西客人比例达50%，来自广佛深等大湾区的客人占20%。随着品牌宣传、推广范围的不断扩大，大湾区客人的比例还在不断上升。云茂高速的便捷还带动了湛江、南宁、玉林、梧州游客，极大丰富了游客区域构成。

一、打造八大主题功能区，引领大湾区旅游新潮流

三华李度假区分为八大主题功能区——**云茂高速主题停车区、高速步行出口迎宾区、滨水休闲区、森林木屋民宿区、三华李展示中心、520索桥观光区、三华李采摘体验区、趣野乐园八大主题功能区**。

度假区与云茂高速白石服务区无缝对接，服务区作为主题停车区，南来北往的游客可将车辆停靠在停车区内，通过景区自建的168索桥步行，或是通过高速公路涵洞直接进入三华李度假区的核心区——三华李中心，中心内部设置了小满厨房餐厅（提供信宜当地特色农家菜、家庭套餐及定制高档中餐 ）、四季文创集（提供三华李定制文创，由中国美术家协会著名画家创作的三华李主题中国画真迹）、满足培训使用的多功能会议空间。

从三华李中心出来，映入眼帘的是信宜520·亚洲最长钢格栅索桥，520米长的大桥桥面距离地面131.4米，两个数字既浪漫地寓意我爱你一生一世，也一语双关——爱“李”一生一世。站在桥上，脚下的河水犹如一条碧绿的带子，蜿蜒缠绵。放眼远处，群山峦叠，云缠雾绕，一幅秀丽的山水油画展现在眼前，以“李”为媒打造度假胜地尽收眼底。

信宜520·亚洲最长钢格栅索桥

沿着信宜520大桥走到对岸，就是漫山遍野的三华李树，春赏花，夏品果。春天李花怒放一树白，千山果树变花海。夏天果实成熟，紫皮红肉，果汁漫溢、果肉脆甜，采摘品尝满口酸甜。

为了让游客更沉浸式地感受三华李的农文化与浪漫情怀，我们也在景区投资配建了归来·三华李精品民宿，有大床房、双人间、套房等多种房型，共28栋34套房。室内风格为生态森林风格。为了不破坏周边生态环境，每栋木屋都是采用生态的松木材料架空建造，每间客房有足够的室内外结合的休闲平台，居住在此，清晨被小鸟唤醒，体验休闲、度假的身心放空感觉。

在配套的光影故事馆里，我们利用3D裸眼光影概念，记录了三华李从播种到结果的全过程——前卫的光影交互设计，让来自外地的消费者感受到了三华李农产品的魅力。

归来·三华李精品民宿

景区里，我们还配置了奥摩啤酒坊、滨水步道、游船码头、垂钓平台、祖屋观光、花海打卡点等休闲空间；其中奥摩啤酒坊用比利时进口大麦、小麦和焦麦自主酿制了黄啤、白啤和黑啤，啤酒坊提供夜间酒吧、团建聚会、中型会议等服务。

有游客反馈，之前只觉得三华李很好吃，但是来到三华李度假区，沉浸入三华李主题的氛围内，才觉得三华李不仅仅是一种美味的水果，更是一个有生命、有灵魂、有故事的农业产业。我们认为，乡村旅游不仅仅是游客们放松身心、享受自然风景的好去处，更应该是一种生活方式，一次体验当地文化的机会。农业、文化、旅游的深度融合，让乡村旅游更出彩，成为城里人向往的“诗和远方”。文旅度假区的差异化与主题化，成功吸引了整个湾区中高端消费人群的注意力，让许多来自广州、深圳、佛山、珠海等湾区核心城市的消费者驱车前往三华李度假区，在放松游玩的同时，感受信宜的在地文化，并直接带动当地经济效益。

二、新趋势带来新变局，高速为促交旅融合新升级

一句话描述三华李度假区的定位，就是高速中枢纽、城市会客厅、都市后花园。

因为经济发展，广东人口大量集中在粤港澳大湾区。以广佛地区为例，据统计，截至2022年底，两座城市常住人口2700多万人，外来人口约1300万。

过去三年，受疫情影响，相关政策对珠三角地区省内短途周边游——粤东粤西粤北的自驾游刺激明显。

近几年，每到春节、国庆节、清明节、中秋节等国民旅游出行高峰期都会呈现以下现象：一是湾区自驾回乡大军以及短途游客剧增，加上节假日高速免费，让珠三角往粤西、粤东、粤北的高速公路无比拥堵，服务区节假日被挤爆成常态。二是广东省内游消费剧增，2023年中秋国庆八天假期，广东全省累计接待游客6386.2万人次，同比增长44.7%，实现旅游总收入571.6亿元，同比增长148.7%。

线性旅游时代的到来为广东公路旅游带来新契机：广东省旅游业“十三五”规划指出，出台一系列高速公路服务区扶持政策，推动珠三角城市群和粤西、粤东、粤北地区有序建设一站式旅游服务集散中心。

基于以上背景，三华李度假区选址在云茂高速白石服务区也就顺理成章。云茂高速是广东省“十三五”规划的重要项目，广东第一条针对粤西山区建设的跨境高速公路，不仅是广东珠江三角洲地区通往广西新增加的一条出省通道，同时也是粤西山区和北部湾北部地区通往珠江三角洲地区的一条经济干线。开通后，高州、信宜等粤西山区到珠三角乘车距离缩短40千米，节省1小时车程。

高速跨云浮、茂名两市3个县、区12个乡镇，辐射600多万人，其中贫困人口约40万人。全长129.816千米的高速路，目前设有5个服务区，三华李度假区所在的白石服务区位于高速中段位置。据统计分析，高速停车休憩加本市近郊游给白石服务区每年带来的旅游接待，可以达到1900万人次。

另外，信宜的三华李产业规模和产量全国第一。这几年通过直播电商，信宜三华李切实形成了口碑优势和传播流量。白石服务区正好临近产区核心区，后山对岸就有大型的种植采摘基地。依托优质的区域位置、丰富的自然资源，发挥服务区作用，能让白石服务区成为信宜城市形象及特色产业文化的重要展示窗口。

但如果按照高速公路服务区文旅扩容的惯性思维，直接在服务区配套商场、农贸交易中心、酒店等设施，势必涉及高速用地审批和建设周期问题，可能错过品牌风口；另外，相关的投资落到乡村振兴实处也有限。而从游客认知角度出发，服务区就是服务区——过路休整加油后开车走人，服务区搞得再漂亮游客的平均逗留时间也不会增加。把服务区升级调整为景区来思考，以打造三华李产业综合体验地为目标，才有可能提供体验场景，让游客融进传播场景里，让过路客转为过夜客最后成为自来客。

因此，当我们提出，不在服务区大改大建，仅扩容停车位和主题视觉打造，利用地理优势，让主题服务区和旁边的乡村、三华李产区融合，打造广东省第一个农交旅项目——三华李主题度假区的方案后，立刻获得了当地政府的认同和重视！从 2021 年云茂高速通车，景区开始动工，仅用 1 年时间即建成并投入运营。

三华李度假区

我们与景区所在的白石镇细寨村村委会探索景区共建。景区与在地的乡村共建、共融、共享，使村民增加了收入。我们与村委会成立“三华李度假区景村管理委员会”，发布“景村共建共管公约”，同步落实资金帮扶项目，将门票红利反哺村民。景区拿出门票收入的一定比例作为村民分红，村民与景区共同维护生态环境和游览秩序，乡村第一年获得的分红就达30多万元，解决本地村民就业300人次。通过运营工作，将当地的农民培养成产业工人，有部分员工还成为度假区的骨干和主管。通过联农带农，增加了附近农户水果采摘收入达350%。开业至今为地方城镇居民收入增收总计800余万元。

我们还开展以三华李为主题的“艺术乡村实践行动”，让艺术走进乡村，全面提升产品品质。开设“四季优选”扶农助农平台，现在售扶农商品二十余种，为农民提供更大展销平台、拓宽增收渠道。

三华李度假区开业之后，原本冷清的农产超市迎来了很多消费者。当地村民自营的小卖部、民宿、烧烤店同样迎来了大批消费者。除此以外，三华李度假区带动村民进行农房风貌改造，整体自然风貌得到提升，生活在公园里，生活越过越火红。

三华李度假区的高人气，让许多村民开始自发投资筹建民宿、农家乐、三华李采摘等系列运营产品。在当地政府的大力支持下，三华李度假区二期已经进入筹备期。当地政府拟提升三华李度假区周边的人居及生态环境，持续带动信宜当地乡村与产业振兴。

五、农交文旅融合的新启示——广阔天地大有可为

新时代旅游工作的重心在城市，重点在农村。从城里人下乡、农村人接待，到城里人下乡、农村人进城，再到城乡一体的美好生活新空间，深入到乡村的农文旅是投资创业和市场创新的新空间。

《中共中央关于制定国民经济和社会发展第十四个五年规划和二〇三五年远景目标的建议》明确指出“丰富乡村经济业态”要“壮大休闲农业、乡村旅游、民宿经济等特色产业”。国务院2023年9月印发的《关于释放旅游消费潜力推动旅游业高质量发展的若干措施》也明确要开展乡村旅游提质增效行动。

三华李度假区作为广东省第一个农交旅探索实践项目，首先，打破了传统农业产业的束缚，将农业、交通、旅游等领域有机结合起来，创造出了新的商业模式。其次，它充分发挥了农业的价值，将农产品转化为旅游产品的过程中，产生了巨大的经济效益。最后，它为当地农民提供了就业机会，促进了他们的收入增长。

时光露营·精致露营地

目前，我们仅是做了一个好的开局。在国家和地方都在推动旅游业高质量发展的当下，秉持“主客共享　四季可游”的三华李度假区模式，以商业的理念、科技的力量、艺术的温度，坚定不移地走农业、文化和旅游融合发展道路，将在广阔天地大有作为。

作者简介：

金健，文商旅及农文旅策划专家、艺术收藏家，广东四季文旅控股创始人、董事长。

度假无须远行，

地中海白日方舟如何将度假开进城市

徐晓亮

随着中国经济的快速发展与国民消费水平的日益提高，中国旅游业态已逐步从传统的观光旅游向休闲度假游转变。长期处于快节奏生活的都市人群，正将度假视为缓解工作压力和休憩身心的日常“刚需”。尤其是经历了三年疫情之后，人们对身心健康愈加重视，也更期待高品质、高匹配的度假产品。

然而，“度假自由”得之不易。今年的中秋国庆双节假期，多地景区、目的地再现“人从众”的火爆局面。旅游度假消费市场的红火固然令人欣喜，但需求在短期集中爆发所透露的一系列问题也引发了文旅行业和政府相关主管部门的思考。无论是动辄高出平常两三倍的出游成本，还是游客在景区“三分钟只走两步”的无奈，都在一定程度上背离了度假放松身心、消解疲劳的初衷。

在此背景下，复星旅文推出了全新的城市度假产品线——地中海·白日方舟（Club Med Urban Oasis，以下简称“白日方舟”），将度假村开进城市，让忙碌的都市人群无须长途奔波，甚至不出城市，即可一键切换至度假状态，享受度假带来的放松和惬意。

白日方舟，城市度假正当时

“如果你今天唯一的事，就是无所事事；如果头顶的全部压力，只来自那顶太阳帽；如果你起身的理由，只是为了换个地方躺一躺。”这段话来自 Club Med 地中海俱乐部的品牌理念——这就是自由自在。它很好地诠释了度假的本质，放松身心，享受生活。**度假是一种生活方式，更是一种心态**。

这也是复星旅文发展城市度假的一大初衷。在中国传统的理念中，度假总要伴随着远行，但回归度假的本质，长期处于快节奏和压力下的我们，有时只是需要一个让自己能暂时远离喧嚣、忘记烦恼、消除疲劳的地方，不一定要去很遥远的地方，也不需要详细的行程计划，只在于那一缕惬意的自由自在。

怀有同样想法的中国人不在少数。根据中国旅游研究院的数据，今年中秋国庆假期，仅有 16.3% 的受访者选择了跨省游，45.4% 选择城市郊区旅游、从商业逻辑上，由于城市度假的客群有很大一部分来自城市本地，那么**城市本地居民的消费能力对度假村的商业闭环至关重要**。南京属于国内的新一线城市，GDP位居全国前十，增速稳健，经济、科技、文化和交通等方面在华东地区都居于前列，有着突出的城市消费能力和发展潜力。我们希望白日方舟在南京的落地，也能进一步激活城市的消费，带动整体经济的发展。

除了本地客群之外，之前说到未来的城市群通行将像城市内交通一样互通有无，因此来自城市群的游客也是白日方舟的重要目标客群。外来游客不同于本地居民，他们在追求享受的同时，也期待异地的新鲜感，这就要求白日方舟的选址也要注重对外来游客的吸引力，简单来说就是要**兼具旅游目的地与客源地特质的大城市**。

比如南京作为“六朝古都”，一直是备受中外游客青睐的旅游目的地，叠加其作为长三角地区的核心消费城市，就是打造白日方舟的理想选择。针对这部分客群白日方舟会结合城市当地文化与潮流趋势，引入City Tour城市探索游、都市夜生活派对等村外活动，充分满足他们的探索欲，帮助他们建立与在地都市生活与文化的联结。

白日方舟的第二店太仓度假村同样如此，度假村一方面坐落于以田园风光著称的苏州太仓市，另一方面其与太仓南站及上海嘉定区仅一街之隔，从上海的火车站前往度假区只需半小时，从上海市中心的人民广场驾车仅需1小时即可到达，坐拥上海这座超级城市的庞大客源。同时，太仓本身也是长三角地区中心枢纽城市，距离长三角多数城市都在3小时车程以内，实现了对城市群游客度假需求的辐射。

城市度假，始于城市，内容为王

如果单从选址来看，市场上的城市度假产品其实并不少，有些甚至直接开在了城市的市中心，但真正的标杆级产品依然稀缺。究其原因，灵活、便捷、可触达性只是城市度假的出发点，度假不等于躺平，高品质的内容体验才是产品制胜的关键。换言之，**“城市度假”的关键在于“度假”，如果一款产品只是“路近”而无法给予游客度假式的体验，那么这款产品也难以称得上是城市度假**。

放眼国内的城市度假酒店，甚至在很多远途的目的地，许多国际国内品牌都只是简单地对旗下商务酒店进行复制和调整，设施体验与常规酒店并无显著不同，更多的是面向来这座城市的观光客，提供的是旅宿服务。另有不少主打休闲、娱乐活动的场所，涵盖内容更为丰富，但在餐饮、住宿等设施和服务品质上都较为普通，且缺乏特色，难以吸引消费者驻足过夜。

地中海白日方舟·南京仙林度假村水乐园

在内容体验上，Club Med正是全球休闲度假领域的佼佼者。**无论是“精致一价全包”的消费模式，还是G.O快乐管家提供的互动体验，或是家长们都喜欢的儿童托管服务（Mini Club）等亲子活动，加上度假村内丰富的运动和休闲设施，**都完美诠释了品牌“自由自在”的度假理念。

作为城市度假村，白日方舟虽然位于城市，但其村内所包含的内容体验丝毫不逊色于那些远途的Club Med度假村。当这种丰富的体验放到城市里来，对多数现有的城市休闲产品几乎是一种“降维打击”。比如，南京仙林度假村集上千平方米的室内恒温水乐园、大型水幕光影秀、室外探索乐园、体育运动项目、时尚潮吧U Bar于一身。如此多元化的休闲体验，无论是需要带娃放电的亲子家庭，还是追求潮玩的年轻人，都可以在这里找到适合自己的内容。

配合太仓度假村，我们更是建设了一座目前华东规模最大的室内雪场——阿尔卑斯雪世界，形成了一整个以室内滑雪场与冰雪乐园为核心的阿尔卑斯度假区。让消费者在酣畅淋漓地滑雪之后，卸下雪板，脱下雪服，与家庭或亲朋好友一起，喝一杯热红酒，欣赏一场舞台表演，吃一顿热腾腾的阿尔卑斯传统美食，将四季畅享的阿尔卑斯冰雪度假体验带到长三角。

太仓阿尔卑斯国际度假区·阿尔卑斯雪世界

另外，我们认为城市度假不只要将度假融入日常生活，反过来它也可以将人们在日常生活中的各种热爱融入度假中去，以进一步丰富度假的体验。具体来说，复星目前在时尚、体育、医美等消费领域布局了多个国际与国内知名品牌，这些品牌将通过生态协同，与度假村联合打造精彩多样的体验活动，让都市客群每次到来都能获得不一样的惊喜。

白日方舟还有一大核心客户是 MICE 客户，包括企业、婚宴客户等。白日方舟拥有优美的室内外空间、专业化的会议场地与多才多艺的 G.O 服务团队，能为客户量身定制丰富且独特的活动，结合地处城市的区位优势，能很好地满足这类客户的个性化需求。

Club Med G.O 秀 & 夜场派对

打造国际范儿的中国式城市度假

度假是一个源自欧洲的“舶来品”，国际度假品牌在这方面显然更有话语权，这不仅体现在他们对度假的理解，更在于他们有一整套系统、成熟的产品和运营模式。正如戴斌院长所说的“坚持外来文化本土化，本土文化国际化”，从 Club Med 到三亚亚特兰蒂斯，我们始终在努力**将他们先进的经营理念与本土的市场环境相结合，因地制宜地打造国际范儿的中国式度假产品**。

Club Med 在中国的本土化发展已走过十多年。我们既延续了品牌传承 70 多年的精致一价全包模式、G.O（快乐管家）互动服务、Mini Club 儿童托管服务以及各种休闲娱乐活动，保留了它的国际化格调，又围绕中国人特有的度假需求，**做了不少在产品设计和运营模式上的调整和进化**。毕竟中国作为全球最大的消费市场，其竞争性、多元性以及变化之快都是其他市场所无可比拟的。

比如，Club Med 主张的是一种以活力运动为核心的健康度假方式，鼓励大家离开客房，拥抱自然，因而在客房风格上除了尊享系列，一直都以精致、简约为主，**而中国消费者则喜欢更大气、更宽敞的房间**。因此在客房体验的设计上，Club Med 已基于中国消费习惯做了不少的优化和提升。

六年前，地中海俱乐部率先推出了聚焦城市短途近郊游的产品线——地中海·邻境（Club Med Joyview），主打距离大城市 3 小时车程以内的度假目的地，这也是我们围绕短途与城市度假方式的首次试水。该产品线一经推出便受到了消费者的广泛青睐，尤其是在疫情期间长线游受限的情况下，成为许多人放松身心、消解寂寞的地方。**在产品设计中，我们额外推出了更灵活的非一价全包（房间含早）模式，类似传统的酒店旅宿模式**，以迎合一部分游客在当地探索观光的需求。

太仓阿尔卑斯国际度假区·阿尔卑斯时光境

如今，作为 Club Med 基于国内旅游度假趋势做出的一次新的探索，地中海·白日方舟进一步拉近了品牌与消费者之间的距离，由此也带来了运营模式的新进化。比如白日方舟凭借其地理位置优势，将**开启周中与周末节假日的双引擎运营模式**。周中会以企业、婚宴客户等 MICE 客户为核心目标客群，以非住店散客的餐饮娱乐需求为依托，填补淡季收入。周末节假日则会聚焦城市本地及周边亲子家庭的城市度假需求，力图成为所在城市及城市群消费者日常远离喧嚣、放松身心之所。

结语

最后，回到白日方舟的寓意，“城市一隅的活力方舟”，希望大家在白日方舟既能享受度假带来的放松与宁静，又能尽情运动、体验法式浪漫 Party。也希望城市度假拉近的不仅是我们与消费者之间的物理距离，更是度假与消费者之间的心理距离，让度假成为更多人的一种生活方式。这是复星旅文“度假让生活更美好”企业使命的延伸，也是复星“让全球家庭生活更幸福”的初心使然。度假作为人们实现对美好生活向往的重要承载，我们希望将它融入每个家庭的日常生活，让全球家庭的生活更美好。

作者简介：

徐晓亮，复星国际执行董事兼联席首席执行官，复星旅游文化集团董事长，上海市第十六届人民代表大会代表，上海国际时尚联合会会长。

澳门，正在嬗变为主客共享的新澳门

卫晨　杨丽琼

澳门，这个被誉为“东方拉斯维加斯”的城市，因赌城之名而声名远播，长期以来都是亚洲乃至全球旅游的焦点。这座浓缩历史与文化的城市，每年吸引着数以百万计的游客前来游玩。根据中国旅游研究院《2023 年上半年出境旅游大数据报告》，中国香港、中国澳门、中国台湾是中国出境游主要目的地，2023 年上半年三地接待出境游游客共占比 79.89%，其中澳门占比 50.90%。

在这片仅有 30 平方千米的土地上，古老与现代、东方与西方文化相融合，形成了独特的城市面貌。在喧嚣与繁华的背后，澳门一直在探索着自己新的发展方向，着力寻求更加可持续、更具深度的旅游模式。

近年来，澳门积极探索和尝试让游客和居民建立更加深入的连接，力求打破传统的旅游模式，让每个人都成为这座城市故事的一部分。从宏大的城市规划到微小的生活细节，澳门正在努力为游客和居民打造一个更加开放、包容、有温度的城市。这不仅仅是高楼林立、赌场鳞次栉比的城市面貌的变迁，更是一场关于文化、生活和旅游的深度蜕变。而今，当世界各地的游客来到澳门，不再只是走进繁华的赌场和购物中心，而是更多地走在澳门的大街小巷，更多地走入当地人的日常生活。同时，在这里，游客不再只是过客，而是成为澳门文化的参与者和传播者，他们和当地居民一起，共同塑造着澳门的未来。这是一幅游客与居民和谐共存、“主客共享”的新景象，是一场关于澳门未来的嬗变，也是一次关于如何更好地与世界对话的尝试。

一、主客共享理念的发展

2011 年左右，戴斌等国内学者提出一个重要的观点，一个好的旅游目的地，一定是主客共享的美好生活新空间。**主客共享、近悦远来**才是当代旅游发展的流量密码。随着全球旅游业的飞速发展，很多旅游胜地面临过度开发、资源紧张以及文化冲突等问题。主客共享这一理念正是在中国旅游业发展的演变过程中逐渐形成的，它在与旅游实践的不断交互中相互深化。从提出至今，经过 10 多年的发展历程，“主客共享”已经深入人心，成为当今旅游领域中从政府、学术界到业界都接受的基本观念，也成为地方旅游规划、资源开发和产业推动的理论基础。

主客共享，即居民与游客共享美好生活和公共空间，市民日常生活环境对游客开放。这就意味着地方政府需要综合考虑外地游客的消费和本地居民休闲需求，重新规划城市空间，以培养友好互动的社会氛围。将目的地视为生活环境的整体，以建设和治理为出发点，促进文化、旅游和休闲产业的融合，让游客更深入地体验真实而美好的日常生活，提升居民和游客的幸福感和满足感，从而推动地方经济和社会的高质量发展。它强调旅游目的地不仅仅是为了满足游客的需求，更重要的是，旅游的发展要让当地的居民也从中受益。

在业界，2010 年《拉萨市旅游发展总体规划（2010—2020）》中就提出了“城市主客共享”的概念。2011 年《浙江省旅游业发展“十二五”规划》中也提到了公共服务与“主客共享”的规划建议。《浙江省旅游业发展“十四五”规划》中提出要坚持主客共享、惠民富民，以提高游客和当地居民满意度获得感为核心。《无锡市“十四五”旅游发展规划》中也指出无锡还需优化主客共享旅游空间，扩展新空间、新机遇。2022 年 10 月，重庆市文化和旅游发展委员会主任刘旗表示，重庆将打造“主客共享、近悦远来”的世界知名旅游目的地。到“十四五”期间，主客共享已经成为大多数省市旅游发展方式的共同行动理念。

二、澳门的转型之路

澳门作为世界著名的旅游和娱乐胜地，在面对全球经济格局变迁和旅游市场多样化的需求时，对其旅游业进行了深度反思和重新定位。通过过去数年的工作，澳门的旅游形象和旅游产业内涵发生了深刻的变化，已经从一座赌城嬗变为主客共享的国际文化城市、休闲度假城市。这种变化来自澳门特别行政区政府及全体澳门市民在方方面面的共同努力。

（一）重新定位：从赌城到文化之都

澳门的历史和地理位置赋予了其独特的文化特色，汇集了东西方的艺术、宗教、建筑和传统。澳门正在把自己从一个单纯的“赌城”重新定位为一个“文化之都”，这一整体定位的变化意味着旅游产业构成、旅游产品供给、旅游营销宣传的全面变革。支撑澳门“文化之都”这一全新定位的，主要是突出澳门的三个方面。

1. 突出世界文化遗产城市的身份

澳门拥有包括大三巴牌坊、妈阁庙、圣保禄教堂等多处世界文化遗产。澳门需要骄傲地告诉世界，我们不仅是博彩城市，我们更是世界遗产城市。

2. 突出城市的文化艺术活力

从音乐到电影、美食、演出秀，从艺术家到手艺人，澳门本就是一个文化活力四射的城市。澳门要告诉世人那些比博彩更精彩的澳门生活方式。

3. 突出与世界的文化交流

澳门历史上作为国际贸易中转港口，一直是中国与世界交流的重要枢纽。这种世界性，特别是文化交流的世界性，是澳门在今天更需要讲出的澳门

澳门光影节

特色。澳门在旅游产业整体定位上的调整，是一次观念上的大飞跃，为使澳门从一个赌城成功转型为文化之都打下了坚实的基础。

（二）古迹活化：使文化遗产活在当下

大三巴牌坊、东望洋灯塔、妈阁庙、圣母圣诞堂等，这些名字早已成为澳门的标志，承载着无数的故事和情感。如今，这些文化遗产不再仅仅作为静态的观赏对象，而且还成为文化交流和教育的平台。我们看到了历史与现代的完美融合，通过举办各种文化活动和艺术节，让这些历史遗迹真正活起来，成为旅游的新动力。

在大三巴牌坊前举办的露天交响音乐会——乐韵悠扬系列，到目前为止共举行了 29 场演出，吸引 9 万多人次欣赏，独特的“世遗 + 音乐”体验深受好评。在澳门玫瑰堂内还定期举办“乐韵悠扬玫瑰堂”音乐会，让观众在富有历史感的建筑美景下享受音乐盛宴。

澳门的许多旧仓库摇身一变，成为当代艺术展览的空间。如藏匿于繁华闹市之中的牛房仓库，曾经放置牛的地方，如今成为一个展览、演出的绝妙场所。还有“德成按”典当展示馆，馆内通过一系列历史图片、典当记录工具等物品，展示了传统典当业的风貌。这些曾经寂静的仓库，如今充满了艺术的热情和活力。

乐韵悠扬大三巴音乐会（刘长妹 供图）

这些创新方式的活化策略，使得文化遗产成为连接过去与现在、本地与外来的纽带。

（三）社区参与：旅游发展的核心

澳门的社区参与也是其旅游新发展的核心。政府、企业和社区合作，共同策划和管理各种项目，本地居民不再仅仅是旅游业的被动接受者，而是成为旅游产品和体验的共创者。

为了促进游客与本地居民的交流，澳门推出了一系列的社区参与项目。例如，在澳门的“世遗”——卢家大屋内，体验“非遗”——手工搓香技艺；在南湾湖畔开展马赛克工艺坊等，让游客体验制作澳门传统手工艺品。此外，澳门大学免费开设了粤语培训班，荷塘社区等也定期开展粤语口语基础课程，使游客有机会参与粤语学习活动中，真正体验澳门的生活方式和文化传统。

同时，天光墟、新桥二手市集、义字街市集、莲溪夜市等特色市集也吸引着大量游客前来体验澳门独特的市井文化。天光墟的独特气氛和小商品市场展示了澳门生活的繁华与多元，新桥二手市集则呈现了澳门的资源再利用和环保理念，而义字街市集则提供了一个民间艺术的展示平台，展现出澳门的历史传统。这些举措不仅丰富了游客的体验，也为社区的经济发展注入了新的活力，为本地的小型企业和居民带来了经济收益。

（四）味觉之旅：一城千味

除了著名的赌场和丰富的历史文化遗产，澳门还有一种不可或缺的魅力，那便是它的美食。澳门独特的历史背景使得这里的菜肴不仅仅是中餐的代表，还有着浓厚的葡萄牙风情。澳门特别行政区政府在推动美食产业的发展上采取了一系列创新举措，将美食与旅游产业深度融合，打造出独具特色的美食旅游体验。

“澳门美食节”是澳门一年一度的美食嘉年华，美食节由以本地为主到国际参与，由纯粹美食节到美食嘉年华，规模也在逐年扩大。自2003年起，澳门美食节与澳门格兰披治大赛车同步开幕，让游客欣赏大赛车之余，也能品尝到世界各地的美食。澳门特别行政区旅游局还开展了“澳门之味巡礼”五都荟萃美食节，让有着“世界美食之都”称号的澳门、成都、顺德、扬州、淮安五座城市齐聚澳门，以澳门为窗口，向世界传递中华饮食文化的风采。

澳门五都荟萃美食节（刘长妹 供图）

此外，澳门大型企业也致力于深化“旅游＋美食”的跨界融合，助力推动澳门旅游业的可持续发展。例如在永利皇宫户外草坪举办的“环球辣椒美食嘉年华”“澳门青岛双城啤酒文化节”，还有“火辣争霸战”（Chili Cook-off）辣椒烹饪比赛、调酒师大赛等活动，吸引了大量游客前来观看，提升了澳门餐饮业发展的国际竞争力。

（五）新旅游产品与体验：超越传统

随着科技的发展，澳门也积极探索如何将科技与旅游业结合起来。例如，通过虚拟现实、增强现实等技术，为游客提供更为真实的历史文化体验；同时，利用大数据分析，更好地了解游客的需求和行为，为他们提供更为个性化的旅游服务。在此基础上，澳门精心打造了一系列新的旅游产品和体验。其中最具代表性的就是澳门光影节，澳门特别行政区旅游局携手六大综合旅游休闲企业，从澳门社区延伸至路氹城区，运用灯光、影像、音乐等多种元素，采用光雕表演、互动游戏等，为游客带来一场沉浸式的夜间灯光盛宴。

此外，位于澳门威尼斯人金光会展展览馆内的超自然空间展，则将科学与神秘结合，让游客在探索未知的过程中领略到科学的魅力。烟花会演、无人机表演、夜间文化巡游等多元化的活动也在夜间为赴澳游客带来更为丰富、更为深入的体验。

（六）新视角：推广新澳门

近几年，为了全面推广新澳门，澳门特别行政区政府、各大媒体平台等纷纷投入大量资源进行广泛宣传。

中央广播电视总台与澳门特别行政区政府联合推出大型美食文旅节目《澳门双行线》，总台主持人跨界携手探寻澳门的人间寻常味。节目深入挖掘了澳门的独特食文化，从传统到现代，从街头小吃到高级餐厅，为观众呈现了一场饕餮盛宴。

澳门特别行政区政府为了更好地展示澳门“旅游＋”丰富内涵，在北京、杭州、南京、上海、成都、重庆、青岛、厦门先后举办了八场“澳门周”大型活动，展示了澳门丰富的旅游、文化等元素，提升当地居民游澳意愿，拓展了客源。澳门特别行政区政府还力拓海外市场，例如2023年10月在菲律宾马尼拉举办了“璀璨澳门之旅”（Glow Your Way to Macau）宣传活动，推广澳门旅游，着力吸引更多东盟客源访澳。

三、澳门：探索未知的“变”，珍视永恒的“不变”

在澳门这座历经沧桑、文化交融的城市里，正在发生一系列的“新变革”。然而，在这些变革之中，还存在一些“不变”的

中国式度假：

机遇、特征与对策

崔昕　宋子千

景观之上是生活。随着人们生活节奏的加快和旅游业的发展，度假旅游已经成为大众消除生活和工作中乏味和苦涩，重新找回生活灵感、陶冶心灵的重要旅游选项。相比于西方国家历史悠久的度假传统，我国度假旅游正在兴起。对我国度假旅游市场进行调查，了解我国度假旅游市场的机遇、特征以及我国和发达国家度假旅游市场的差异，并基于此提出可行的对策建议，不仅有利于丰富度假旅游理论研究，也有利于推动我国度假旅游高质量发展。

一、中国式度假正当时

度假从字面上理解就是度过假期。这个假期包括国家法定公共假日、带薪休假、事假、寒暑假等，放宽一点也可以包括每周的休息日。尽管国内外学者对度假旅游的定义进行了广泛探讨，但仍缺乏一个普遍认可的权威定义。结合国内外学者对度假旅游定义的阐述，杨铭铎和陈心宇（2009）两位学者提出度假旅游是人们以休闲、康体、娱乐为目的，利用假期到某地进行的相对较少流动性的、为期一段时间的高质量高层次的旅游活动。

新中国成立后，借鉴苏联经验，我国在旅游城市和风景名胜区建设了工人疗养院和配套的疗休养服务设施，有效保障了劳动者的疗休养权利，改善了劳动者的精神面貌。这一举措不仅对当时的中国经济建设起到积极推动作用，还为后来的旅游度假市场奠定了基础。进入20世纪90年代以后，国内旅游市场逐步成长，成为推动度假旅游的重要力量。1995年我国开始实行双休日制度，1996年推出“96度假休闲游”主题年活动，为国内旅游市场的发展提供了有利条件，也为中国度假市场的快速发展奠定了基础。随着中国经济的持续增长和人们生活水平的不断提高，中国度假市场的发展速度明显加快。多种类型的度假产品如温泉度假村、海滨度假村、山区度假村等不断涌现，同时中国旅游度假区也得到了快速发展，各种级别的旅游度假区数量不断增加。

进入21世纪以来，我国度假旅游已进入快速发展阶段，中国式度假的发展机遇已经显现。全面建成小康社会的中国，人民开始追求更美好的生活，包括旅游度假在内的积极休闲成为新的追求目标之一。多种新型的度假产品层出不穷，如生态旅游、文化旅游、乡村旅游等，“一地深度游”“无景点出游”和“慢生活”等度假旅游新概念也逐渐产生。各地度假旅游的出游人数逐年上升，度假旅游收入也呈现出快速增长的态势。从2023年部分市场情况来看，在春节假期期间，重庆市过夜游客接待人数达到124.93万人次，同比增长38.4%（重庆市旅游发展委员会，2023）；中秋、国庆节假日期间，过夜游客接待人数为231.82万人次，较2019年增长14.8%（重庆市人民政府，2023）。在2023年中秋、国庆假期期间，正值杭州亚运会举办之际，飞猪旅行网数据显示，杭州、宁波、金华、湖州、温州、绍兴等城市的度假旅游人数显著增长，酒店及民宿预订间夜量较2019年增长超60%。从今年市场总体情况来看，2023年暑期，旅游市场复苏加速，国内度假旅游人数和收入均达到显著高度。中秋、国庆节假日期间，度假旅游市场继续火爆，出游人数和收入也实现了快速增长。**无论是从质量上还是数量上，度假旅游市场都在不断发展和提升，其已成为中国旅游市场目前和未来发育最主要的支撑。**

二、“中国式度假”的特征

近年来，随着度假市场对中国旅游市场的发育作用越来越重要，出现了一系列对中国度假市场、度假行为特征的研究，以更好地把握这个市场。而为了解我国度假市场游客需求和消费特征，中国旅游研究院（文化和旅游部数据中心）于2023年11月初开展中国度假旅游市场专项问卷调查，重点了解近两年我国度假旅游者的需求和消费特征，所有问卷参与者均为在2022年和2023年有过度假旅游经历的游客。本次调研依托本单位自有数据平台在线上进行，共收回有效问卷2706份。

通过对国内既往研究的梳理和本次调查问卷的分析，我们认为中国的度假市场目前已经涌现出一些重要的特征，其中某些特征是迥异于西方国家的。

（一）“微度假”成为流行的度假旅游方式

欧美国家的旅游度假往往以长距离、逗留时间长为主要特征，而我国度假旅游者倾向于进行短距离、逗留时间短的度假。中国旅游研究院调查问卷结果显示，针对度假旅游者一般每次度假旅游的时长，首先是3~7天的度假时长占比，达到了47.1%；其次是7~14天的度假时长，占比34.0%；再次是1~2天的度假时长，占比10.3%；又次是14天到1个月，占比1.7%；最后是1个月以上的度假时长，占比1.7%。

其他一些研究中，针对杭州度假旅游市场的调查研究表明，度假旅游时间在3天以内的游客数量占比63.6%，3天以上所占比例仅为37.4%（王莹，2006）。沈阳微度假市场的统计数据显示，2022年国庆假期，周边游、微度假等占据了旅游市场的主导地位，一至二日游和三至四日游分别占出游的63%和28%（刘海博，2022）。**微度假的“微时长”特征逐渐显露**。

关于游客在假期出游半径和游憩半径的变化，中国旅游研究院专项调查显示：2022年元旦、春节、清明节、五一劳动节、端午节的出游半径分别为110.3千米、131.8千米、95.0千米、99.6千米和107.9千米，目的地游憩半径分别为8.7千米、8.3千米、4.9千米、6.0千米和7.3千米。而疫情前的2019年，游客出游半径和目的地游憩半径分别为270千米和15千米。无论是出游半径还是游憩半径，我国民众都在逐渐缩小活动距离和范围。针对2022—2023年度假旅游者在单一目的地的游憩半径，中国旅游研究院调查问卷结果显示，选择6~10千米和2~6千米的游憩半径的人数占比较高，分别达到了38.1%和33.8%，其次是选择10~20千米的游憩半径的人数，占比13.6%，再次是选择20千米以上的游憩半径的人数，占比7.7%，最后是选择小于2千米的游憩半径的人数，占比6.8%。这表明，

游客越来越倾向于在单一度假目的地进行中小范围活动空间的度假旅游，微度假的“微距离”特征逐渐明显。

“微度假”这一概念早在2014年便已出现，最初应用于文旅地产项目，旨在通过提供生活体验促进旅居地产销售。近年来，随着度假旅游需求的变化，越来越多人寻求周边短程、快捷轻松的度假方式，“微度假”得到了新的发展机会（邓芳，2023）。途牛旅游网2022年数据显示，北京、广东广州以及华东地区的本地游、周边游需求更旺盛。**“微度假旅游”是我国不同于西方发达国家度假旅游市场的一个显著特征，表现出我国旅游者对于近距离、短行程度假旅游的追求。**

西方发达国家的旅游者更倾向于长距离度假旅游。根据美国交通运输局的数据，美国民众倾向于在感恩节、圣诞节和新年假期进行长距离跨境度假旅游。全球综合数据资料库Statista数据指出，在2002—2019年期间，美国民众出境游人数从5000万增长到9000万。同一时期内，欧洲国家的长距离跨境度假旅游数量也呈现了类似的增长趋势。此外，西方发达国家游客平均度假时长都在1~2周甚至更长的时间。拥有连续且长时间的假期是他们平

均度假旅游时长较长的主要原因之一。以法国为例，法国法律规定每年至少有 5 周的假期，实际通常有 6~10 周，还不包括带薪公共假期。除寒暑假外，欧美和澳洲等发达国家的学生和教师在圣诞节和复活节前后还有为期 3 周左右的假期。超长假期为民众进行中长期度假旅游提供了时间基础，也间接激发了民众在假期出游的动力。

（二）"高频次"是度假旅游的新常态

随着人们生活水平的提高和旅游业的快速发展，高频次度假旅游成为新常态。中国旅游研究院调查问卷结果显示，在 2022 年和 2023 年，度假出游 2 次和 3 次的人数占比相对较高，分别为 45% 和 25% 左右。其他相关研究也表明，我国度假旅游市场总体蓬勃发展，市场需求巨大，超过两成的人群度假旅游出行达到每月 1 次以上，超过八成的人群每年度假旅游出行 2 次以上（邬东璠、王彬汕和周觅，2019）。中国旅游研究院此前发布的《中国旅游景区度假区发展报告（2022）》指出近距离的出行、高频次的休闲、多场景的消费成为疫情以来节假日旅游市场的显著特征。**与集中式、一次性度假旅游相比，近年来我国旅游者更倾向利用多个假期进行旅游活动**。根据中国旅游研究院调查问卷结果，大部分度假旅游者倾向于在法定假期和带薪休假期间进行度假旅游，分别占比 44.7% 和 25.9%。寒暑假也是一个较受欢迎的出游时段，占比 15.8%，反映出学生群体也是度假旅游市场的一个重要主体，亲子游和研学游等有望在未来成为热门的度假旅游方式。周末也是一个相对集中的出游时段，占比 11.4%，即便是只有 2 天左右的闲暇时间，人们也愿意去异地旅游来度过假期。请事假和在其他时段进行度假旅游的人数较少，分别仅占比 1.9% 和 0.3%。

目前，我国度假旅游频次已经逐渐接近甚至超过一些西方发达国家。数据指出，大多数美国民众每年度假旅游次数为 2~3 次，英国民众每年平均度假旅游次数为 3.6 次，平均出境度假游次数约为 1.5 次。与西方发达国家相比，我国度假旅游市场虽然起步较晚，但发展迅速，其中一个重要特征就是民众度假旅游频次逐渐上升。这得益于人民生活水平的提高和旅游意识的普及，越来越多的人开始注重旅游的质量和体验，愿意花费更多的时间和金钱来进行度假旅游。

（三）个性化度假，分散化旅游

随着度假旅游市场从团体向散客、家庭、自助型消费发展，我国旅游者对个性化度假旅游的需求逐渐增高（于江，2010）。比如针对三亚度假旅游市场的一项研究表明，大部分游客选择自己安排度假方式和规划行程路线，占比达到 43.75%，其次是参加旅行社包价旅游团，占比 17.50%（徐菊凤，2007）。

中国度假旅游市场近些年呈现明显的个性化与分散化趋势。这一趋势也反映在游客对度假旅游目的地的选择上，他们更倾向于根据自己的偏好选择目的地，而不是盲目追求从众心理。通过调查问卷，我们发现游客选择的国内度假旅游目的地区域分布广泛。东北、长三角、西北和西南等地区受到较多游客的青睐，占比分别为 22.7%、20.6%、20.0% 和 19.2%。同时，京津冀和海南也受到一定程度的欢迎，占比分别为 8.4% 和 6.6%。选择港澳台和其他地区的游客占比分别为 2.3% 和 0.3%。这表明中国度假旅游者对度假体验有着个性化和多样化的追求，对于目的地的选择趋于分散化。其他针对中国度假旅游市场的研究也表明，多元化是我国度假旅游的重要特征和发展趋势之一（邬东璠、王彬汕和周觅，2019）。**在我国，热门的度假旅游目的地区域并没有出现"一家独大"的现象，对于游客来说，"神州处处可度假"**。

国外度假游客对于目的地有相对集中的偏好，常出现"一地爆火"的度假旅游现象。数据指出，从 2009 年到 2022 年，西班牙一直是英国度假旅游者最常选择的出境游度假目的地，远超于前往其他国家的度假旅游人数（Finder UK, 2023）；伦敦及其周边小镇和海滩是英国人最常去的境内度假旅游目的地 (Visit Britain，2023)。其他西方发达国家也出现了同样的现象。墨西哥一直是美国旅游者首选的境外度假目的地，其次是加拿大（Bradley Williams，2023）。根据澳大利亚统计局的数据，新西兰和中国一直是澳大利亚民众最常去的境外度假目的地；悉尼及其周边城镇是他们最常去的境内度假目的地。**由此可见，西方度假游客对于目的地的选择呈现出一定的固定性和集中性，而我国度假游客对于目的地的选择呈现出分散化的特征**。

（四）观光与休闲度假旅游结合

我国度假旅游具有观光型度假的特点，游客对度假过程中的观光游览行为的偏好程度较高。国内学者对此现象有很多论述。葛楠楠和樊信友（2014）指出，尽管度假旅游和观光旅游在概念上有所区别，但在实际操作中，两者往往难以截然分开，在我国观光型度假的现象仍然大量存在。邬东璠、王彬汕和周觅（2019）认为，在我国，带有一定观光特征的景区游览仍是现阶段度假旅游分量最重的活动内容。黄细嘉（2000）提出我国度假旅游市场呈现度假和观光结合化趋势。

带有观光特征的度假旅游的一个主要特征就是旅游者在交通和住宿方面的花费占比相对较高。中国旅游研究院本次调查问卷结果显示，我国度假旅游者大部分的消费仍然是交通和住宿，占比分别是 33.3% 和 28.5%。选择景区游览的有 18.4%，选择餐饮的有 12.1%，选择购物、娱乐和其他项目的分别只有 6.1%、1.6% 和 0.1%。**从游客市场角度分析，**

我国大部分度假旅游者的主要度假动机是观光游览，次要度假动机才是购物和休闲娱乐。针对杭州度假旅游市场的调查同样证明此观点，在度假期间的活动选择上，67.7% 的受访者选择"游览参观"，在所有活动中占比最高（王莹，2006）。由中国旅游研究院课题组发布的《旅游度假正当时——2022 中国旅游度假发展报告》指出，中国当前的休闲度假型旅游消费，最大部分仍然在基础性旅游消费领域。我国度假旅游者大部分的旅游消费是在由观光游览活动所诱发的基础项目上，真正在休闲、康体、娱乐等项目上的消费比重并不高。

西方发达国家的旅游者更倾向于利用闲暇时间去进行以健身、放松、休闲、娱乐为目的的度假旅游。因此，他们在诸如放松、休闲、娱乐等项目的消费更高。根据美国经济分析局的数据，2017—2021 年期间美国游客度假消费较高的项目依次是住宿、餐饮、购物、交通、休闲娱乐、燃油等，且各项目占比相差不超过 10%。在法国和意大利等欧洲国家，度假游客更注重体验当地的文化和风土人情，享受美食、美酒和各种娱乐活动。一般来说，当一个地方的旅游业发展达到较为成熟的阶段，游客在吃、住、行等方面的消费比重会降低，而在购物娱乐等方面的消费比重会相应提高。这表明，在旅游业较为成熟的地区，度假游客的消费结构会发生变化，对休闲娱乐等项目的需求和投入也会增加。

（五）度假重游率仍然不高

度假旅游的一个显著的特点就是游客对其认同的度假地具有持久的兴趣和稳定的忠诚度，因此相比于观光旅游，度假旅游的重游率也会较高（杨卫武，2007）。近年来，我国游客在一些度假旅游目的地的重游率正在逐渐上升。数据指出，在国内赴海南旅游的游客中，仅 35% 是首次访问，而两次以上访问的人数则达到了 65%（徐菊凤，2007）。吉林省都市温泉休闲度假旅游市场的研究显示，大部分问卷受访者的重复游玩次数是一年 2~3 次（任新玉和李燕军，2019）。然而，其他学者如王学娟和王莉（2023）指出，我国微度假市场仍存在重游率较低的问题。**我国部分度假旅游目的地重游率的持续提高表明度假旅游市场正从观光型向休闲度假型过渡和转型，但仍有一些目的地的度假旅游市场以观光旅游为主要旅游模式**。

在欧洲部分度假旅游市场，重复前往同一目的地的度假旅游者数量接近甚至高于首次前往该地的度假游客数量。国外学者 Stephen Pratt 在 2013 年的研究表明，太平洋岛国因其地理、文化和社会的特殊性，度假旅游的重游率一直很高。位于南太平洋中心的斐济就是一个典型案例，数据表明有 25% 的澳大利亚度假旅游者曾经在斐济进行五次或五次以上的度假旅游，这些游客在餐饮、购物、娱乐和休闲等方面的支出普遍较高（Vada 等，2023）。相比之下，尽管我国度假旅游重游率在不断提高，但重复前往同一度假旅游目的地的人数依然未达到西方发达国家水平。

三、进一步培育我国度假旅游市场的对策建议

（一）优化假期安排，落实带薪休假

人们有时间在假期出游是培育我国度假旅游市场和推动度假旅游发展的基础。通过持续优化公共假日，适当增加法定节假日的天数，让人们有更多的时间去享受旅游和休闲活动。进一步贯彻落实带薪休假制度，保障员工的合法权益，让人们能够根据工作年限和表现获得合理的休假天数。此外，支持弹性休假和灵活休假，让员工可以根据自己的需求和实际情况灵活安排休假时间。鼓励有条件的单位执行每周 4 或 4.5 天工作制，以增加员工的休假时间和出游可能性。

（二）适应中国式度假特征，丰富度假旅游产品

中国式度假的一大特点是观光型度假，这一点可能在很长时间内不会改变，这对国内度假地的建设提出了具体的要求。高效利用本地的自然和文化资源，开展具有当地特色的旅游项目，提供多样化的活动，让游客能深入了解度假目的地美景之上的历史、文化和风俗。建设大批“小而美”、离城乡居民近一点的国民度假地，满足人民群众休闲度假新需求。让广大人民群众度假有去处，生活有品质。深挖地方文化，积极开发度假旅游产品，如潜水、冲浪、滑雪、音乐会、剧场演出等，在满足游客“吃住行”的基本旅游需求的同时，提供给度假旅游者更多的机会去“游购娱”，真正实现景观之上是生活的度假旅游理念，以此提高人们的度假旅游频次、延长度假旅游逗留时间，推动度假旅游市场的转型。

（三）创新宣传推广策略，提升度假旅游地吸引力

创新宣传推广策略是度假目的地激发游客的度假旅游动力的核心。加强对度假目的地的宣传品质管控，不断提高宣传品质。利用社交媒体、短视频和直播等新媒体平台拓展宣传渠道，扩大宣传覆盖面和影响力，将目的地的特色和优势传递给更多的潜在游客。结合当地独特的自然生态、文化和民俗资源，打造独特的度假旅游产品和服务，通过精准定位和创意策划，提高宣传内容的针对性和吸引力。推动不同地区和类型旅游目的地的合作，通过资源共享、品牌共建和客源互换，实现共同发展，为游客提供更加丰富的度假选择。

（四）建设度假友好型目的地，提高度假旅游重游率

建设旅游友好型社会是提高游客度假重游率的根本。提升当地居民的友好性和服务意识，积极推进当地居民与游客的互动交流，开展文化交流、民俗体验等活动，让游客更好地了解和融入当地文化。加强社区参与和当地居民的培训，提高他们的度假旅游发展意识和专业技能，鼓励他们成为度假旅游发展的主体，为游客提供更加热情、周到的服务。建立完善的旅游服务设施和信息咨询系统，为游客提供便捷、舒适的旅游服务。通过改善旅游交通、住宿、餐饮等方面的基础设施，提高游客的度假旅游体验和便利度。建立便捷、高效的信息咨询系统，为游客提供及时、准确的度假旅游信息和咨询服务。

作者简介：

崔昕，博士，中国旅游研究院（文化和旅游部数据中心）政策与科教研究所博士后。

宋子千（通讯作者），博士，中国旅游研究院（文化和旅游部数据中心）政策与科教研究所所长。

创造者
与前行者（2023 第四辑）

你们在创造中前行，
在前行中创造。
你们在泥泞中挣扎，
不断失败，
你们在阳光下流泪，
在星空下再出发。
你们走到了无人的领地，
你们看见了无人见过的花。
你们在荒野
写下了新的文字，
你们说：
这是中国新的一天。

——致敬中国旅游业的创造者与前行者

黄山关麓

从传统村落到新型度假区

广东三华李度假区

农业 IP，交旅融合

地中海·白日方舟

将度假开进城市

哈尔滨之夏音乐会

洋溢“音乐之都”的热情

免费开放的三亚鹿回头景区

正嬗变为三亚的“城市会客厅”

澳门光影节

一座城市的光影艺术

贵阳“路边音乐会”

市民与游客共享的艺术生活

贵阳太平路

时尚的老街

《中国旅游评论》向中国旅游界创新者邀约

《中国旅游评论》是中国旅游研究院主办的季度连续出版物，面向旅游企业经营者、旅游行业管理者，出版宗旨为“以面向实践的思想推动中国旅游实践”。我们向中国旅游全行业的创新者发出邀约，希望听见你们的声音。

当今已经不是资源依赖的时代，创新是新时代的主题。中国旅游业今天的成就，很大程度上是各个领域那些勉力前行者不断创造而结出的果实。

我们十分理解所有创新、创造的艰辛，更懂得创新、创造来自超越时代的思想，来自创造者独具的人格，来自交流，来自实践而不是空谈。

我们希望借由《中国旅游评论》这个平台，让激动你们的那些思想能够发出声音，为全中国听见；让你们的洞察、创举激励、启发更多的人；让创造者彼此遇见彼此对话，解开困惑。

我们相信这样的行业，是永远生机勃勃的。

请将你们的思想、实践、思考总结成文，并联系我们。无论是产业发展思考还是地方行业实践，无论是产品创新还是未来洞察，我们接受所有言之有物的真知灼见。

联系方式

电子邮箱：zglypl@126.com

联系电话：010-85166028　010-85166019

传　　真：010-85166055